Katrin Meister und Hans Meister

Wie viel ist genug?

Die Gier und wir

Leopold Stocker Verlag

Graz – Stuttgart

Umschlaggestaltung: Fritz Leitner, Graz

Bildnachweis: Umschlagabb. Vorderseite: Fritz Leitner, Graz,
                Umschlagabb. Rückseite: Fritz Leitner, Graz,
                Abb. Innenteil: Seite 95: Werner Loidl, Seite 96, 97, 145: Angelika Konrad,
                Seite 118: Thomas Mühlbacher, Seite 122, 123: Martina Mühlbauer.
                Alle anderen Fotos Klemens Meister

Bibliografische Information der Deutschen Nationalbibliothek
Die Deutsche Nationalbibliothek verzeichnet diese Publikation in der Deutschen Nationalbibliografie;
detaillierte bibliografische Daten sind im Internet unter http://dnb.d-nb.de abrufbar.

Hinweis: Dieses Buch wurde auf chlorfrei gebleichtem Papier gedruckt. Die zum Schutz vor
Verschmutzung verwendete Einschweißfolie ist aus Polyethylen chlor- und schwefelfrei hergestellt.
Diese umweltfreundliche Folie verhält sich grundwasserneutral, ist voll recyclingfähig und verbrennt
in Müllverbrennungsanlagen völlig ungiftig.

Auf Wunsch senden wir Ihnen gerne kostenlos unser Verlagsverzeichnis zu:
Leopold Stocker Verlag GmbH
Hofgasse 5/Postfach 438
A-8011 Graz
Tel.: +43 (0)316/82 16 36
Fax: +43 (0)316/83 56 12
E-Mail: stocker-verlag@stocker-verlag.com
www.stocker-verlag.com

ISBN 978-3-7020-1381-3

Layout: Fritz Leitner, Graz
Druck: Gorenjski Tisk, Kranj, Slowenien
Printed in Slovenia

Katrin Meister und Hans Meister

Wie viel ist genug?

Die Gier und wir

Leopold Stocker Verlag

Inhaltsverzeichnis

Wie zahlreich sind doch die Dinge, derer ich nicht bedarf.

Sokrates

Vorwort von Dipl.-Ing. Josef Pröll

Vizekanzler der Republik Österreich von 2008 bis 2011

„Wie viel ist genug?", fragen Katrin und Hans Meister im vorliegenden Buch. Sie behandeln damit einen Themenkomplex, der aktueller nicht sein könnte. Das Lebenstempo scheint ständig schneller zu werden, wir wollen mehr und mehr – auch wenn wir eigentlich schon lange genug haben. Studien beweisen immer wieder, dass vor allem jene, die ohnehin reich sind, weniger etwas dabei finden, sich zu nehmen, was sie wollen, als Mitglieder unterer sozialer Schichten. Vermögende Menschen haben demnach eine positivere Einstellung zur Gier als arme Leute. Dies bestätigen auch Hans und Katrin Meister in ihrem Buch: „Je wohlhabender eine Gesellschaft ist, desto intensiver, so scheint es, wird die Mehrheit ihrer Bürger vom Massenphänomen der Gier infiziert." Wie auch im Buch zu lesen ist, hängt der Zufriedenheitsgrad und das Glück eines Menschen nicht mit dem Grad des

Wohlstandes zusammen – denn Wohlstand alleine macht nicht glücklich. Meine Glücksbringer sind für mich meine Familie, Freunde und vor allem Gesundheit. Nach Jahren in der Politik und großen beruflichen Herausforderungen habe ich mir im vergangenen Jahr selbst die Frage gestellt: „Wie viel ist eigentlich genug?" Schließlich habe ich die Antwort gefunden, in dem ich auf meinen Körper gehört und die notwendigen Konsequenzen daraus gezogen habe. Durch die Zäsur hat sich meine Lebensqualität deutlich verbessert. Ich habe jetzt öfter die Gelegenheit, für meine Familie etwas zu kochen, zu lesen oder auf die Jagd zu gehen. Schon von klein auf lebe ich mit der Natur, im bäuerlichen Umfeld bin ich verwurzelt. Es ist beeindruckend, den natürlichen Kreislauf vom Säen über das Wachsen der Pflanzen bis zur Ernte jedes Jahr wieder aufs Neue erleben zu dürfen. Die Natur zeigt dabei ganz klar, wann genug ist. Leider wird dies heutzutage viel zu oft ignoriert. Das belegen auch die weltweit immer mehr ausgelaugten Ackerflächen. Trotz der ständig stärker werdenden Ausbeutung ist es zumindest in den Industriestaaten noch möglich zu essen, was das Herz gerade begehrt. Die Essgewohnheiten zu überdenken, wäre dennoch angebracht. Wie Mahatma Gandhi bereits sagte: „Die Welt hat genug für jedermanns Bedürfnisse, aber nicht für jedermanns Gier."

Angesichts überquellender Supermarktregale ist es derzeit kaum vorstellbar, dass aufgrund der stetig wachsenden Weltbevölkerung und Launen der Natur die Nahrungsmittel knapp werden können. Umso bedauerlicher ist es, dass es scheint, als nehme der empfundene Wert der Lebensmittel – also der Mittel zum Leben – ab. Auch dazu finden sich Gedanken in diesem Buch: „Den Wert der Dinge erkennen wir meist erst dann, wenn uns eine bis dahin selbstverständlich erscheinende Gegebenheit abhanden gekommen ist. Erst im Rückblick erkennen wir, welchen Wert etwas für uns hatte." Dies trifft aber nicht nur auf die gesicherte Lebensmittelversorgung zu. Wie wertvoll es ist, gesund zu sein, lernt man auch oft erst nach einer überstandenen Krankheit zu schätzen. Die Grenzerfahrung des „wie viel genug ist" erlebt und respektiert zu haben, lässt einen persönlich wachsen.

Wien, November 2012

Das Leben ist eine einfache Sache

Ein Mensch benötigt zum Leben etwa 2500 Kilokalorien, einige Liter Wasser und etwas Sauerstoff. Er benötigt das jeden Tag, in jedem Jahr und zu jeder Jahreszeit. Er braucht morgen nicht mehr als heute und nächstes Jahr nicht mehr als im heurigen Jahr. Es sollte nur jeden Tag ausreichend vorhanden sein.
So einfach funktioniert Leben.

Ist der Wohlstand unser

Noch nie war eine Gesellschaft reicher und gleichzeitig unzufriedener

Unglück?

Ist der Wohlstand unser Unglück?

Ist also der materielle Wohlstand unser Unglück, wenn wir jammern und unzufrieden sind, obwohl es uns so gut geht wie noch nie? Ist es der Wohlstand, dem wir alles in die Schuhe schieben können samt unserer raunzerischen Unzufriedenheit und der Unfähigkeit, Wohlstand neu zu definieren? Ist es der Wohlstand, der uns satt und träge werden ließ und uns zum gierigen Vielfraß mutierte? Ausgerechnet der materielle Wohlstand soll der Schuldige sein, der, den alle haben wollen, der, von dem keiner auch nur einen Zentimeter abgeben will, der, für den wir uns Tag und Nacht abrackern, der, dem wir so viel zu verdanken haben, der soll unser Unglück sein?

Allein es erfragen zu wollen oder auch nur den Verdacht auszusprechen, kommt einem gesellschaftlichen Vergehen sehr nahe. Wir und der Wohlstand wollen Bruder und Schwester sein. Wohlstand kommt von Wohlergehen. Der Wohlstand soll uns Menschen ein materiell möglichst sorgenfreies Leben ermöglichen. Aber der Mensch lebt nicht vom Brot allein. Damit wir uns wohlfühlen können, brauchen wir das Miteinander, eine sinngebende Tätigkeit und ein Zukunftsversprechen, das uns freudig an eine weitere positive Entwicklung der Dinge glauben lässt. Der finanzielle Wohlstand gibt uns viele Freiheiten, aber er nimmt auch viel.

Viele haben keine Zeit. Viele leiden unter Stress. Die Wettbewerbsgesellschaft stöhnt unter ihrem eigenen Konkurrenzkampf. Das ganze Interesse konzentriert sich einzig und allein auf das Haben. Aber der Mensch ist von Natur aus auf das Sein ausgerichtet. Dieser Konflikt zwischen dem Wunsch des subjektiven Seins, ein gutes Leben zu haben, und dem gesellschaftlichen Druck des „Habenmüssens" endet daher in der Kompromissformel: Sei ein Habender. Und schon wird das Sein über das Haben definiert. Wer was hat, der ist wer.

Das Ganze liegt an einem einfachen Denkfehler. Wir versuchen den WOHLstand ähnlich simpel zu interpretieren, wie den Ölstand in einem Motor. Ist der Ölstand innerhalb der markierten Linien, ist alles in Ordnung. Gibt es das jährlich erwartete Wirtschaftswachstum, herrscht auch an der Wohlstandsmesslatte pure Zufriedenheit.

In beiden Fällen wird nur ein einziger Parameter gemessen. Am Motor ist es der Ölstand, der auf den Gesamtzustand des Motors wenig Rückschlüsse zulässt. Das weiß jeder Mechaniker. Bei der Wohlstandsmessung wird nur das Wirtschaftswachstum in Form des Bruttoinlandsproduktes abgelesen, was für den Gesamtzustand der Gesellschaft auch kein generelles Urteil ergibt. Den Ökonomen scheint das aber egal zu sein.

So wie ein Motor neben Öl sauberen Treibstoff, einen funktionierenden Luftfilter und Kühlflüssigkeit braucht, braucht die Wohlstandsgesellschaft eine über das rein Materielle hinausgehende Erklärung für Wohlstand. Was ist Wohlstand für den Einzelnen? Doch nicht nur ein volles Bankkonto. Wohlergehen ist viel mehr. Freude, Gesundheit, Familie, Sinnhaftigkeit, Zufriedenheit. Wohlstand ist ein Zustand, in dem man sich wohlfühlt. Er ist ein breiter Fächer, der viel beinhaltet, das auch benannt werden muss, das neue Messinstrumente braucht, um dargestellt werden zu können.

Jeder weiß, materieller Wohlstand muss erkauft werden mit Zeit, mit Anpassung und mit Stress. Dann hat man, wenn man Glück hat, am Ende materiell zwar alles, was man sich erträumte, und hat davon doch wieder nichts, weil es zu wenig Zeit gab, es zu genießen und sich daran zu erfreuen. Also ist die Freude am jährlichen Wirtschaftswachstum nichts anderes als eine weitere Droge. Die Dosis muss ständig gesteigert werden, denn die Unersättlichkeit kennt keine Grenzen. Es ist nie genug. Herrliche Zeiten also für Neid und Habgier. Insofern können wir uns alle als Wohlstandsgeschädigte betrachten.

So wie der Einzelne sich einen Teil seines äußeren Wohlstandes mehr oder weniger mit Defiziten gegenüber Familie, Freunden und freier Lebenszeitnutzung erkauft, kaufen auch Staaten Wirtschaftswachstum um den Preis hoher Staatsverschuldung. Die Ergebnisse werden gerade weltweit sichtbar. Der Schaden am „Motor", an dem man über Jahrzehnte nur den Ölstand kontrollierte, ohne auch auf die Geräusche zu achten, ist beträchtlich. Wirtschaftswachstum und Bruttosozialprodukt als einzige Wohlstandsanzeiger ergeben eine zu enge Lebensperspektive, die dringend eine Erweiterung um erlebbare Sinnfaktoren braucht.

Dazu einige Fakten: Noch nie war eine Gesellschaft reicher und gleichzeitig unzufriedener. Trotz allen Reichtums werden Schulden in ungeahnter Höhe gemacht und es wird auf Pump gelebt. Das schafft Abhängigkeiten von Banken und Gläubigern.

Vom Geld getrieben

Der Wettbewerb in allen Bereichen macht die Menschen zu getriebenen Läufern im Hamsterrad. Gleichzeitig explodiert die Vereinsamung und wird zur Volkskrankheit. Die Anzahl der Demenzkranken in den Wohlstandsländern steigt rasant, während sie in anderen Regionen fast unbekannt ist. Materieller Wohlstand allein aber macht nicht glücklicher, sagt die Glücksforschung. Trotzdem ist alles, was zählt, Geld. Das macht gierig und verführbar. So hat zwar jeder objektiv viel zu verlieren, aber in der subjektiven Eigenbetrachtung scheint es immer zu wenig zu sein, verglichen mit dem, was Nachbarn und Freunde haben, was den Zweifel an der Gerechtigkeit und die allgemeine Unzufriedenheit am Kochen hält.

Es ist wie bei allen Dingen im Leben: Der Wohlstand, als Selbstverständlichkeit konsumiert, bringt nur Mittelmaß. In kleinen Dosen bewusst genossen, mit einem Schuss Gelassenheit und der inneren Freiheit, vom Erreichten nicht abhängig zu sein, bringt Wohlstand eine große Daseinsfreude, verbunden mit einer gewissen Dankbarkeit für das Gute und Schöne. Wenn uns der Wohlstand unglücklich macht, kann er nichts Wertvolles sein. Wohlstand ist also auch das, was wir daraus machen. Wir sind, wie wir sind, und es ist die Frage, ob wir den Wohlstand als Ausrede verwenden dürfen. Aber ohne Zweifel, der Wohlstand hat uns verändert. Wo einst Zusammengehörigkeit, Gemeinschaftssinn und hilfsbereite Nachbarschaft gelebt wurde, beherrschen heute hektische Betriebssamkeit, Zeitnot, Versagensängste und Getriebenheit, bei gleichzeitig um sich greifender Selbstisolierung, die Städte und Dörfer. Das ist das Paradoxe unseres Lebensstiles, einerseits extreme Außenorientierung und anderseits die vor der Welt versteckte Vereinsamung. Wir klammern uns an das, was wir haben, und an das vermeintlich noch unbedingt zu erreichen Müssende. Unser Lebensstandard wird ausschließlich nach Kaufkraft berechnet und nicht nach der Anzahl von Freunden oder danach, genug Zeit zu haben. In materialistischen Gesellschaften ist nur der tatsächlich erreichte Erfolg nach außen hin herzeigbar. Geld und die damit verbundene Macht dienen als die einzigen allgemein anerkannten Erfolgsparameter. Die Mehrheit von uns hat berechtigte Angst, hierbei zu verlieren, weil Zurückstecken von allen Seiten als persönliches Versagen begriffen wird. Dieser permanente Konkurrenzkampf hat uns hartherziger, unnachgiebiger und raffgieriger gemacht, als es unserer tatsächlichen Persönlichkeitsstruktur entspricht. Nur wenige sind zum Helden geboren und stark genug, die erhobenen Zeigefinger der Nachbarn zu ertragen, wenn sie bewusst zurückstecken. Trotzdem erreichen uns die ersten Botschaften von Konsumverweigerungspionieren. Noch sind es Einzeltäter. Sie wollen nicht generell aus dem System aussteigen, sondern nur ihren Konsum reduzieren und mit weniger auskommen. Eine neue Kultur der selbstauferlegten Bescheidenheit deutet sich hier an. So gesehen sind jene, die ihren Konsum zurückschrauben, keine Aussteiger, sondern bewusste Verzichter. Statt einen bereits randvollen Kleiderschrank noch voller zu stopfen, wird das Vorhandene genützt und benutzt, indem man zum Beispiel ein Jahr lang keine Kleidung kauft.

Das sind interessante Ansätze. Wenn die Sättigung zur Übersättigung und das freie Einkaufen zum Konsumzwang ausarten, ist es an der Zeit, an unseren Umgang mit dem Wohlstand neue Wertmaßstäbe zu setzen, in denen nicht der Wohlstand uns verändert, sondern wir den Wohlstand. Gegen die Lust der Unersättlichkeit der Gier haben nur der Wille und die moralische Qualität der Disziplin eine Chance.
Wir finden uns schwer zurecht in diesem Dschungel der Überangebote, weil es zu viele Produkte gibt, die uns die Sicht verstellen, und zu wenig Orientierung. Die Tugenden Gerechtigkeit, Klugheit, Mäßigung und Mut sind solche Orientierungs-Leuchttürme im rauen Meer der Beliebigkeit. Wer sich daran orientiert, befindet sich in einer guten Seilschaft.

Eine Wohlstandsgesellschaft, in der sich jeder nur als Nehmer sieht und jeder nur danach trachtet, für sich das größte Stück zu beanspruchen, verliert ihren Wohlfühlcharakter. Eine solche Gesellschaft teilt sich rasch in Sieger und Verlierer. Die Sieger, die schnell und oft auch rücksichtslos zuschlagen, werden materiell immer reicher. Die Verlierer bleiben immer weiter zurück. Für die einen gibt es kein Wohlergehen mehr und die anderen sind so satt, dass sie ihr Glück nicht mehr wertzuschätzen vermögen. So verkommt finanziell orientierter Wohlstand zu Stillstand. Wenn es im Kampf um den Wohlstand nur noch um die Teilhabe an den größten Stücken des Wohlstandskuchen geht, wird der Wohlstand ruiniert. Nicht mehr das Wohlergehen möglichst vieler steht im Vordergrund, sondern die Gier nach dem besten Stück.

Was soll Wohlstand können?

Wohlstand funktioniert nicht wie eine Sämaschine, die ihre Gaben gleichmäßig und gerecht über das Feld der Erwartungen verteilt. Im Gegenteil. Es ist das Unglück der Mehrzahl der Wohlstandsteilnehmer, dass der unkontrollierte, aufgeblasene Wirtschaftsliberalismus die Reichen begünstigt und reicher macht, die Schwachen aber benachteiligt und ärmer hinterlässt. Das verbreitet Angst und schürt das Gefühl der Ohnmacht. Die Wohlstandswerbemaschinerie arbeitet durchaus auch perfide.

Der Wohlstand überschüttet uns mit einer unüberschaubaren Menge an Gütern und Dienstleistungen, die höchst angenehm sind. Gaben, die das Prestige ihrer Besitzer mehren oder das Leben auf andere Art versüßen. Deshalb will jeder sie haben. Aber diese Annehmlichkeiten werden nicht einfach verteilt, sondern nur in einer großen Auslage zur Mobilisierung der Wettbewerbskräfte ausgestellt. Jeder kann sie sehen. Jeder kann sie haben, wenn er die dafür notwendigen Gegenleistungen erbringt. Viele überraschende Dinge sind dabei, die uns bis jetzt auch überhaupt nicht gefehlt haben, weil wir gar nicht wussten, dass es sie gibt. Aber jetzt, in der Auslage und wo so viele Prominente sie schon haben, gewinnen sie auch für uns an Bedeutung. Das steigert die Begierde. Andere haben diese tollen Gaben schon, wieder andere greifen gerade zu und wir sollen nur Gaffer am Fenster des repräsentativen Wohlstandes bleiben? Das deprimiert und erhöht gleichzeitig den Druck, aktiv, zu werden. So simpel lässt sich BeGIERDE steuern.

Wohlstand in seiner Ursprünglichkeit bedeutet Wohlergehen, Wohlhaben (nicht nur materiell), Wohlfühlen. Dieser Zustand stellt sich ein, wenn Menschen ihre Chancen erkennen können und wenn sie frei sind. Frei in ihren Entscheidungen, frei von den gröbsten finanziellen und existenziellen Zwängen, frei von Angst, frei von Abhängigkeit. Nur wer aus seiner eigenen Überzeugung und der ihm eigenen Selbstsicherheit heraus Entscheidungen trifft, kann selbstbestimmt handeln.

Das Dilemma unserer Leistungsgesellschaft ist, dass sie sich nur über die Leistung definiert. Im Zentrum steht die Verherrlichung der Arbeit an sich und der damit verbundenen Möglichkeit zu konsumieren. Allen wird eingehämmert, wer sich anstrengt, kann sich auch etwas kaufen. Hingegen spielt die Bedeutung der Arbeit als lebenssinngebender Freudenspender kaum eine Rolle. Arbeit, die Freude macht, gibt Selbstsicherheit, Selbstbewusstsein und Zufriedenheit. Wer keine Arbeit hat, wird von den Nachbarn misstrauisch beäugt. In ihren Augen ist es nicht so wichtig, was jemand arbeitet. Es fragt auch keiner, ob es sinnvoll ist, was jemand tut. Hauptsache ist, es wird gearbeitet. Das gilt für den Einzelnen genauso, wie für jede einzelne Volkswirtschaft. (Sichtbar am Nord-Süd-Konflikt innerhalb Europas: „Der faule Süden".) Über diese Leistung soll Wohlstand für alle generiert werden. Aber was man unter „Wohlstand" tatsächlich versteht, ist genauso vage beschrieben, wie die Notwendigkeit einer zufriedenstellenden Arbeit für das Wohlbefinden des Individuums.

Wohlstand heißt ja nicht nur Anhäufung von materiellen Gütern, konsumieren können, was das Herz begehrt, und Reichtum zeigen. Konsequent zu Ende gedacht, muss Wohlstand dazu führen, den Menschen den Freiraum zu verschaffen, selbst entscheiden zu können, was sie tun möchten. Nämlich das, was ihren Talenten und ihren Stärken entspricht. Erst wenn ich selbst entscheiden kann, ob ich heute arbeite, wie viel ich arbeite oder ob ich nur noch das tue, was mir als nützlich und angenehm erscheint, habe ich jene Souveränität, die die Oberschicht und die Adeligen schon immer hatten. Allerdings muss auch diese Art der Kompetenz im Sinne einer wirklich freien Selbstbestimmung wie Lesen und Schreiben gelernt werden. Eine Fähigkeit von der selbst Neureiche träumen, es aber nicht zustande bringen. Auch sie haben es nie gelernt, wer zu sein, ohne das eigene Leistungspotential als Rechtfertigung ständig vorzuzeigen und daher nur im überzogenen Konsum und in der Zurschaustellung ihres Reichtums ihre Anerkennung zu suchen. Nur wer gelernt hat, dass er selbst allein als Persönlichkeit wertvoll ist, unabhängig davon, welche nützlichen Leistungen er erbringt und wie viel Schweiß er für seinen Fleiß vergießt, kann mit seiner Zeit, seinem Geld und seinem Wohlstand souverän umgehen. Er braucht seine Leistung und Nützlichkeit nicht ständig zu präsentieren.

Die Mächtigen in Politik und Wirtschaft haben kein Interesse daran, Menschen zu haben, die selbst über ihre Zeit und darüber, was sie damit tun, bestimmen. Mächtig sind die Mächtigen in Wirtschaft und Politik ja nur, wenn viele von ihrem Wohlwollen abhängig sind. Je mehr Abhängige, desto mehr Macht. Lohnarbeit ist ein perfektes Instrument, um Abhängigkeit zu schaffen. Die „da oben" geben „denen da unten" Arbeit, wie das Wolf Lotter in seinem Essay „Die Not des Müßegangs" beschreibt.[1] Daran hat sich bis zum heutigen Tag nichts geändert. Noch immer sprechen die Politiker vom „Recht auf Arbeit" und sehen ihre dringlichste Aufgabe in der „Arbeitsplatzsicherung" und „Arbeitsplatzbeschaffung". Die Oberschicht hingegen ist nie „in die Arbeit gegangen", was aber nicht gleichbedeutend damit ist, dass sie nicht gearbeitet hat. Der britische Philosoph und Literaturnobelpreisträger Bertrand Russell hat in seinem 1932 verfassten Essay „Lob des Müßegangs" dazu festgehalten: „Ich möchte (….) in vollem Ernst erklären, dass in der heutigen Welt sehr viel Unheil entsteht aus dem Glauben an den überragenden Wert der Arbeit an sich, und dass der Weg zu Glück und Wohlfahrt in einer organisierten Arbeitseinschränkung zu sehen ist …"[2]

Die Utopie der nicht mehr notwendigen systematischen Lohnarbeit ist nicht eins zu eins mit „nicht mehr arbeiten" zu übersetzen. Sie gibt dem Einzelnen nur die Möglichkeit, es selbst zu entscheiden. Auch die Oberschicht und die Adeligen haben grundsätzlich immer gearbeitet, allerdings mit dem wesentlichen Unterschied, dass sie selbst bestimmt haben, wann, wie viel und womit sie sich beschäftigen. („I can if I would" statt „I would if I can".) Aus genau derselben Quelle, selbst bestimmen zu können, ob, wann, wo und wie man arbeitet, nährt sich auch die Verherrlichung des Rentnerdaseins in unseren Breiten.

Massen-Wohlstand kann sich nicht darin beschränken, die Massen der Menschen in einen Konsumwettlauf zu hetzen, damit sie ihre Leistungen herzeigen können, für die Profite wieder jener, die von der Lohnarbeit bereits befreit sind. Was ist das für ein Wohlstand, wo sich die Menschen vor Arbeitslosigkeit fürchten, wo die Masse ängstlich und unzufrieden ist?

Bertrand Russell dazu: „Mit den modernen Produktionsmethoden ist die Möglichkeit gegeben, dass alle Menschen behaglich und sicher leben können; wir haben es stattdessen vorgezogen, dass sich manche überanstrengen und die anderen verhungern. Bisher sind wir noch immer so energiegeladen arbeitsam wie zur Zeit, da es noch keine Maschinen gab; das war töricht von uns, aber sollten wir nicht auch irgendwann einmal gescheit werden?"[2]

Eine Frage, die bis heute unbeantwortet blieb. Ist es gescheit, wenn das ganze Leben zum Wettlauf, zur Hetze wird? Wenn sich die Menschen nicht mehr an dem, was sie haben, erfreuen können, weil sie nicht die dazu notwendige Ruhe finden? Wenn sich der Großteil nur noch mit dem, was morgen und nächste Woche, nächsten Monat zu erledigen sein wird, beschäftigt und dabei das „Jetzt" verliert?

Ich bin kein Ökonom, aber ich habe eine ökonomische Utopie. Ein Bild, wie Wohlstand organisiert sein könnte. Mein Bild zeigt eine Wohlstandsgesellschaft, in der jeder Mensch von der Geburt bis zum Ende seines Lebens ein bestimmtes Grundeinkommen bekommt. Nehmen wir, um etwas Konkretes zu haben, ein monatliches Grundeinkommen von tausend Euro an. Diesen Betrag bekommen nicht nur Arbeitslose oder andere sozial Benachteiligte (wie das heute politisch diskutiert wird), sondern jeder einzelne Bürger. Wer mit seinem Grundeinkommen zufrieden ist und sich selbst zu beschäftigen weiß, wird vielleicht keiner regelmäßigen Arbeit nachgehen. Die große Mehrheit aber wird weiter arbeiten und das Grundeinkommen als Grundbasis neben ihrem Arbeitseinkommen zu schätzen wissen. Niemand braucht sich vor Arbeitslosigkeit zu fürchten, niemand vor Lohndumping Angst haben. Aber niemand braucht auch zu befürchten, dass nicht mehr gearbeitet wird. Im Gegenteil, Arbeit, die befriedigt, wird weiterhin ein wesentlicher sinngebender Bestandteil des Lebens bleiben. Das Hamsterrad allein um der Beschäftigung willen hat ausgedient. Burnouts wird man nur noch aus der Literatur kennen. Viele vorher als unbegabt Geltende entdecken in dieser Welt ohne Zwänge und ohne existenzielle Angst ihre eigentliche Berufung und arbeiten dafür mit Begeisterung überdurchschnittlich hart. Neid und Gier sind nicht ausgerottet, aber durch eine breite, allgemeine Zufriedenheit in den Bildhintergrund gerückt.

Bleibt die Frage, wer bezahlt das alles? Wir. So wie wir heute Kinderbeihilfe, Arbeitslosengeld, Schülerbeihilfe, Studienbeihilfe, Heizgeld und tausend andere mehr oder weniger bekannte Förderungen und Beihilfen bis hin zu den unterschiedlich hohen Pensionen bezahlen. Dies alles wird gestrichen. Keine Anträge mehr. Keine unterschiedlich hohen Pensionen. Dafür ein gleich hohes Grundeinkommen für alle von der Wiege bis zur Bahre. Und wenn man alles zusammenrechnet, werden die Ökonomen vielleicht zum Schluss kommen, dass Wohlstand auf diese Art nicht teurer kommt als heute. Warum gibt es dazu eigentlich keine öffentlichen Studien?

Lohn, der sich nicht lohnt

Der größte Nachteil eines solchen Grundeinkommen-Systems besteht im Machtverlust der Mächtigen bei gleichzeitig wachsendem Selbstbewusstsein der „Kleinen Leute". Nicht mehr „die da oben" geben „denen da unten", sondern jeder entscheidet selbst, ob er zugreift oder es bleiben lässt. Nicht die wirtschaftliche Unfinanzierbarkeit ist die Hürde. Es ist die Gier der Machteliten nach Macht, die nur dann gegeben ist, wenn es viele von ihrer Macht Abhängige gibt. Es läuft wie beim Kartenspiel: Ober sticht Unter. Diese Tatsache allein reduziert die Erfolgsaussichten für eine neue Art der Wohlstandsorganisation gegen Null und macht eine Verwirklichung de facto unmöglich. Aber schön wäre es doch, das Gescheiterwerden.

Viele, vor allem junge Menschen, fragen sich: Lohnt sich Leistung überhaupt noch? Leistung wird in unserer Gesellschaft in Geld ausgedrückt und in Geld beglichen. Allerdings haben sich die Verhältnisse verkehrt. War vor gar nicht so langer Zeit der Abstand zwischen normaler Arbeit und einer hochbezahlten Tätigkeit, weil risikoreich, kenntnisreich und zeitintensiv, noch in einem von allen akzeptierten überschaubaren und erklärbaren Verhältnis, hat sich das ins Undurchschaubare gewendet. Heute bekommen Menschen in oft nicht durchschaubaren Rollen für Spekulationen, Expertisen und Vermittlungen Bonifikationen, die jenseits jedes normalen Vorstellungsvermögens liegen und durch nichts zu rechtfertigen sind. Die Schwäche ihrer moralischen, wie rechtlichen Begründung zeigt sich in den justamenten und aggressiven Argumenten ihrer Empfänger von „Das steht mir zu" bis hin zur trotzig frechen Begründungshilfsfrage „Was war eigentlich meine Leistung?".

Die großen und kleinen Wichtigtuer in den Konzernen, Banken und anderen Bereichen leben es vor: Erst kommt das Fressen und auch dann keine Moral. Es kommt nicht mehr auf so altväterische Leistungsbegriffe wie Fleiß, Einsatzbereitschaft, Wissen und Können an, um es zu etwas zu bringen. Wer heute wirklich reich werden will, muss sich im Biotop der Rücksichtslosigkeit, des vorsätzlichen Betruges und der schleimigen Falschheit zu bewegen wissen. Er darf keine Skrupel haben, kein Mitleid kennen oder gar Anwandlungen von Verantwortung spüren. Kaltschnäuzigkeit, Frechheit und das bedingungslose Nur-an-sich-selbst-Denken bringen fette Bonifikationen und ein abgehobenes Leben weit jenseits der Durchschnittsverdiener.

Auf der anderen Seite der Medaille stehen jene vielen, die sich mit ihrer Arbeit gerade noch über Wasser halten können. Wo es gerade von Monat zu Monat reicht, wenn keine außerordentlichen Überraschungen dazukommen.

Ganz schlimm ergeht es jenen, deren Lohn sich nicht mehr lohnt, die vom Ertrag ihrer Arbeit nicht mehr leben können. Deren regulärer Job so niedrig entlohnt ist, dass sie dazu noch eine Zusatztätigkeit brauchen, um finanziell über die Runden zu kommen. Sich das vorzustellen, ohne in heiligen Zorn zu verfallen, fällt schwer. Vierzig Stunden Schufterei die Woche, ohne das Überleben gesichert zu haben, klingt nach Ausbeuterei, nach einer neuen Art des Sklaventums. Es ist die Entwürdigung der Schwachen und Bescheidenen für die Profite der Rücksichtslosen. Lohn, der sich nicht lohnt, verbittert. Eine Gesellschaft, die sich derart gegensätzlich auseinanderbewegt und ihre Mitte verliert, explodiert an ihren Rändern.

Es zu verändern liegt an uns. Wir können nur Zuseher bleiben oder uns – auch gegen massive Widerstände – einmischen und eine Veränderung erzwingen. Das wird nicht leicht und einfach sein, aber die Alternative heißt, die Welt den Rücksichtslosen und den Sklaventreibern zu überlassen. Dürfen wir das, nur weil wir zu bequem sind, die Komfortecke zu verlassen? Haben wir das Sattsein allein noch immer nicht satt?

Sei dir gewiss, viele sind so sauer wie du und viele können gemeinsam die Welt verändern. Alles klar?

Die sieben Todsünden

Rachsucht, Habgier, Hochmut, Feigheit, Wollust, Maßlosigkeit, Neid.

Das sind sie, die berüchtigten sieben Todsünden. Du kennst sie, weil sie im Biotop des Wohlstandes besonders gut gedeihen und du ihnen überall begegnest, ganz so, als gehörten sie zum Normalsten der Welt. Geiz ist doch geil, oder?

Der indische Weise Mahatma Gandhi hat diese sieben Todsünden für unsere Zeit noch konkreter erklärt:

Reichtum ohne Arbeit, Genuss ohne Gewissen, Wissen ohne Charakter, Geschäft ohne Moral, Wissenschaft ohne Menschlichkeit, Religion ohne Opferbereitschaft, Politik ohne Prinzipien.

Umgangssprachlich sind die Todsünden fest verankert. Theologisch ist der Ausdruck Todsünde ja falsch. So haben diese Sünden weniger mit Religion zu tun, als damit, wie wir miteinander umgehen. In Wirklichkeit sind es Charaktereigenschaften, die unmittelbare Auswirkungen auf unsere Mitwelt haben.

Als Todsünden werden sie wohl deshalb bezeichnet, weil jede einzelne dieser Eigenschaften die Gemeinschaft belastet und das Miteinander erschwert und sogar unmöglich macht. Sie verletzen die gegenseitigen Beziehungen, töten sie ab und machen die Beteiligten beziehungslos. In Folge führt das zu Isolierung, Vereinsamung und Hass. Statt eines Beziehungsgeflechts, geknüpft aus Vertrauen, gegenseitiger Unterstützung und Wertschätzung, wachsen Missgunst, Enttäuschung und Böswilligkeiten.

In jedem von uns steckt mehr oder weniger viel von diesen ungeliebten Eigenschaften. Wie weit sie sich auszubreiten vermögen, liegt daran, wie viel Platz wir ihnen geben. Es liegt auch daran, ob wir sie zu zügeln vermögen, gegen sie ankämpfen können und ob Wille und Disziplin stark genug sind, sie in den Hintergrund zu drängen.

Optimismus, Humor, Vertrauen und Selbstbeherrschung sind wichtige Stützen, um nicht im Sumpf der eigenen Zügellosigkeit zu versinken.

Ist es nicht verrückt, dass im Wohlstand, der allen alle Chancen bietet, alle noch mehr wollen und sich damit selbst zugrunde richten?

Mangel an Mangel

Der Mangel an Mangel ermöglicht es uns nicht mehr, die dargebotene Fülle und deren Wert zu schätzen. Es ist uns nicht bewusst, dass diese Üppigkeit, in der wir leben, letztlich ein Geschenk ist, nicht etwas, das man sich „erarbeitet" hat. Genauso, wie der Mangel aus einem erzwungenen Verzicht nicht bedeutet, dass man sich ihn „verdient" hat.

Mangel und Fülle sind natürliche Gegenspieler und brauchen sich für ein ausbalanciertes Leben. Wer nur die Fülle lebt, kann sich nicht daran erfreuen, weil ihm der Mangel als Korrektiv und Freudenspender fehlt. Damit spielt auch die Natur. Wenn einer Art der natürliche Gegenspieler fehlt, lebt die begünstigte Art so lange in schrankenloser Fülle, bis das ungezügelte Wachstum der Population die Ressourcen aufgefressen hat und die eigene Art zerstört. Beschränkter Mangel hingegen lässt Menschen hellhörig, ideenreich, erfinderisch und aktiv werden.

Der Mangel an Mangel macht sorglos, träge und überheblich. Vergleichbar einer Uhr ohne Weckfunktion, sie tickt zwar unentwegt, aber niemand hört sie. So wiegen wir uns in einer Sicherheit, die nur scheinbar sicher ist. Wir brauchen die Üppigkeit und das dauerhafte Üppigkeitsversprechen, weil uns jede Art von Mangel zum vermeintlichen Wohlstandsverlierer stempelt. Das goldene Kalb, das wir täglich anbeten, heißt Wirtschaftswachstum. Wir beten nicht um Regen, Sonne, eine gesunde Familie oder um Verschonung vor Unwettern, sondern um ein möglichst großes Wirtschaftwachstum. Je größer, desto besser. Je aggressiver, desto ertragreicher. Statt nachzudenken, wie wir langfristig unsere Haut retten und neue Strategien überlegen, wie wir unser

Zusammenleben organisieren, wie wir Wasser, Lebensmittel, unseren Energiebedarf und eine vernünftige Lebensqualität auf Dauer sichern können, gieren wir immer öfter nach Dingen, die wir glauben haben zu müssen, aber nicht brauchen. Derweilen schlagen Wirtschaftswachstum und Konsumzwang eine Verletzung nach der anderen in den Planeten, erobern ein Land nach dem anderen mit einer Wohlstands-Fata-Morgana, die so nicht stimmt und in dieser Art auch nicht zu halten ist.

Jene, die sich schon länger in diesem darwinistischen Hamsterrad abmühen, müssten es eigentlich wissen und all jenen eine Warnung sein, die es ihnen gleichtun wollen. Aber es erheben sich wenige Stimmen. Die große Masse versinkt, wie meist in solchen Situationen, in erschöpftem Schweigen. Wer am Glaubensbekenntnis des ewig notwendigen Wirtschaftswachstums zweifelt, stempelt sich selbst zum Außenseiter einer Gesellschaft, die in vollem Ernst in Werbespots behauptet: „Geht es der Wirtschaft gut, geht es allen gut."

Allzu leicht wird vergessen, dass wir bei allem, was wir tun, nicht nur externe Energie verbrauchen, sondern gleich viel interne Energie. Der Aufwand jedes Menschen, um etwas zu schaffen, ist der Einsatz von Lebensenergie. Für jedes Stück musstest du im Abtausch dafür ein Stück Lebensenergie opfern. Trotzdem wird die Energiekrise ausschließlich mit zugeführter, externer Energie in Verbindung gebracht. Das ist umso erstaunlicher, da die Warnblinkanlagen der seelischen Seismografen uns immer häufiger persönliche „Burnouts" aus unterschiedlichsten Bevölkerungsgruppierungen melden.

Selbstbeschränkung verlangt ein hohes Maß an Disziplin, weil es bequemer ist, ja zu sagen als nein. Aber das bewusste Verzichten – nicht immer, aber hin und wieder – ist die einzige wirksame Möglichkeit, die eigene, interne Energiekrise zu bewältigen.

Grüne Revolution

In vielen von uns schlummern noch Reste von zurückliegenden Bauerngeschlechtern. Die meisten Menschen lieben Blumen, gärtnern gern und machen Ausflüge in die Natur. Viertausend Jahre Bauernvergangenheit hinterlassen ihre Spuren in Geist und Seele.

In den hinter uns liegenden Jahren versorgte uns die sogenannte „Grüne Revolution" mit hohen jährlichen Produktivitätszuwächsen in Europa, Kanada und den USA durch Züchtungsfortschritte, Dünge- und Pflanzenschutz-Innovationen mit Lebensmitteln im Überschuss. Aktuell wächst die Produktivität in der Landwirtschaft jährlich nur noch um ein Prozent. Dazu kommt eine global immer unberechenbarere Wettersituation, hervorgerufen durch den Klimawandel. Die angebliche für ewig gepachtete Sicherheit der vollen Teller ist unsicher. Die nächste Grüne Revolution kann nur die Gentechnik bringen. Aber wollen wir das?

Der Einfluss von gesunden Lebensmitteln auf unsere Gesundheit und unser psychisches Wohlbefinden ist bewiesen. Daher ist auch die Art der Lebensmittelerzeugung so entscheidend, schließlich packen wir ordentlich zu:

Geschätzte 14 Millionen Schnitzelportionen servieren Österreichs Gasthöfe jährlich auf die Tische, 92 Liter Milch sprudeln pro Jahr durch unsere Kehlen und 60 kg Fleisch vertilgen wir. Ein durchschnittlicher 50-jähriger Mensch hat in unseren Ländern in seinem Leben 20 Tonnen Lebensmittel verschlungen. Das ist Schwerarbeit, auch für unseren Organismus.

In der westlichen Welt muss alles schnell gehen. Fastfood eben. Und alles in ausreichender Menge, zu jedem Tag und zu jeder Stunde. Welche grüne Revolution wird uns das auf Dauer sichern können?

Mittel zum Leben

Lebensmittel sind Mittel zum Leben. Tiere und Pflanzen sind Lebewesen. Sie sind sensible Gebilde. Pflanzen brauchen eine bestimmte Anzahl von Sonnenstunden und Tiere eine bestimmte Zeit an Zuwendung. Es braucht ausreichend Wasser und den richtigen Boden mit den passenden Nährstoffen und artgerechte Haltungsformen für die Tiere.

All das, womit sich Pflanzen und Tiere ernähren, haben sie dann auch in sich gespeichert und geben es am Tisch an uns weiter.

Wir müssen daher schon aus egoistischen Gründen daran interessiert sein, beim Einkauf möglichst alles über den Ort der Herkunft, die Art der Erzeugung und die Form der Tierhaltung zu wissen, um uns selbst Gutes zu tun.

Dazu kommen noch alle denkbaren Arten von Nachbehandlungen, Aufbereitungen, Geschmacksverstärkern, künstlichen Zusätzen bis hin zu chemischen Neuschöpfungen.

Der Fantasie und den technisch-chemischen Möglichkeiten sind dabei kaum Grenzen gesetzt. Das ist auch der Grund, warum bei vielen Lebensmittelverpackungen der Platz kaum ausreicht, alle E-Nummern und chemischen Zusätze zu benennen.

Lebensmittel einzukaufen wird ein immer schwierigeres Geschäft, braucht sachliche Information und verlangt viel Wissen. Zumindest aber bewusste Konsumenten.

Nur wenn man alle Informationen bekommt und damit auch etwas anzufangen weiß, kann man sich vernünftigerweise für das tatsächlich Bessere und gegen das eher Minderwertige entscheiden. Aber am Beginn steht das Interesse, mehr über die Mittel zum Leben wissen zu wollen.

Willst du das?

Wie weit sollen Lebensmittel reisen?

Von wie weit weg sollen Fleisch, Kartoffeln, Obst und Joghurt zu uns kommen? Wie viel Sinn macht es, Lebensmittel in einer Ecke der Welt zu erzeugen und in der anderen weit davon entfernten Ecke des Globusses zu essen? Mit Verstand betrachtet ist es Unfug, lange Wege zu gehen, wenn dieselbe wohlschmeckende Nahrung vor der Haustür wächst, vielleicht etwas teurer in der Herstellung, dafür aber frisch und unverfälscht.

Um ein Bewusstsein dafür zu schaffen, braucht es Kostenwahrheit. Was von weit weg angeliefert wird, hat lange Transportwege, die die Geldtasche und die Umwelt belasten. Das leuchtet allen Beteiligten ein. Es muss nur in den Regalen sichtbar gemacht sein. Wer australische Süßkartoffeln will, dem seien sie vergönnt, nur im Preis müssen sie sich von den heimischen unterscheiden, sind sie doch um die halbe Welt gereist.

Ewiges Wachstum gibt es nicht

Weder die Natur noch die Ökonomie kennt ein ewiges Wachstum, obschon unsere ganze Wohlstandsgesellschaft auf genau dieses Prinzip setzt. Vom leeren Acker bis zum vollen Teller ist es ein weiter Weg.

Um Milliarden Menschen täglich satt zu kriegen, bedarf es modernster Hochtechnologie zu Wasser, zur Luft und im freien Feld. Was früher Millionen von Bauernhöfen schafften, müssen heute ein paar Tausend schaffen. Der Aderlass in den vergangenen 50 Jahren an fleißigen Händen und altem Bauernwissen war gewaltig. Kein anderer Berufsstand ist so geschrumpft und hat gleichzeitig seine Produktivität so gesteigert, wie der der Bauern. Hochleistungsmaschinen, Hochleistungskühe, Hochleistungsgetreidesorten und zur Höchstleistung bereite Bauern haben Erträge und Qualität in nie für möglich gehaltene Höhen steigen lassen.

Heute schaffen es Menschen und Maschinen, 200 Hektar Ackerland und mehr an einem Tag zu bestellen, 10.000 Schweine pro Jahr auf einem Hof zu mästen, 15 Millionen Schweine pro Jahr in einem einzigen Schlachthof zu töten und zu verarbeiten.

Das füllt unsere Teller in Menge und Vielfalt, als sei es von jeher so vorgesehen, als naturgesetzliches Prinzip. Aber ewiges Wachstum ist ein Märchen.

Billig produzieren ist auf Dauer und langfristig nur in den Gunstlagen möglich. Also dort, wo es große ebene Flächen gibt, wo Rohstoffe, Energie und Arbeitskräfte billig, umwelt- und arbeitsrechtliche Vorgaben und Tierschutzauflagen gering sind.

In einer globalisierten Wirtschaft ist das organisatorisch und marktpolitisch möglich. Die Fragen, die es dabei zu beantworten gibt, sind:

Wie nachhaltig wird gewirtschaftet?

Wie lange halten die Böden das aus?

Wie viel Tierleid auf langen Transportwegen nehmen wir in Kauf?

Wie viele Tierfabriken akzeptieren wir?

Wie abhängig machen wir unsere Lebensmittelversorgung von anderen Ländern?

Wie viel genveränderte Organismen sind wir bereit hinzunehmen?

Was hat das für Auswirkungen auf unsere Landschaft und den Tourismus?

Dagegen zu sein und gleichzeitig aber das Billigste einzukaufen ist nicht nur scheinheilig, sondern funktioniert auch nicht. Ein solches Verhalten stärkt nur die großen Massenerzeuger. In Masse billig produzieren kann man auf Dauer nur in den Gunstlagen, unter Ausnützung aller technischen und züchterischen Möglichkeiten. Der billige Jakob ist oft gar nicht so billig, wie er auf den ersten Blick aussieht. Ein augenblicklicher Preisvorteil kann auf Dauer ganz schön teuer kommen. Eine Erfahrung, die jeder Einzelne von uns auch schon machte.

Wer einkauft, trägt eine Verantwortung mit dem, was er kauft. Mit dem Einkaufswagen zwischen den Regalen entscheidest du, was, wo, wie – irgendwo auf dieser Welt – hergestellt wird. Damit machst du dich mitverantwortlich.

Dein Geld fließt dorthin, wo deine Produkte, die du kaufst, produziert werden, und stärkt dort die Hersteller sowohl ökonomisch als auch psychologisch in ihrer Annahme, das Richtige zu tun. Das ist deine Verantwortung beim Einkauf.

Deine Einkaufsrallye und jeder einzelne deiner Aufladehandgriffe bestärkt das Gute wie das Schlechte in seiner Auswirkung auf Umwelt, Gesundheit und langfristige Folgen.

Wer hauptsächlich billiges Aktionsfleisch einkauft, weil er sparen will, unterstützt – gewollt oder ungewollt – den weiteren Ausbau von Massenställen. Diese Verantwortung kann man nicht delegieren nach dem Motto: Sollen doch die anderen.

Nach dem Einkauf schlichtest du Stück für Stück deiner Verantwortung in den Gefrierschrank. Und genauso bringst du Stück für Stück dieser deiner Verantwortung auf den Tisch. So begegnet dir deine Verantwortung für deine Mitwelt mit jedem vollen Teller, den du zu Hause genießt, zumindest dreimal. Auch beim Essen außer Haus entscheidest du durch deine Auswahl.

Dein Geld bereitet Freude oder Leid. Es liegt in deiner Hand. Das solltest du beim Einkaufen nie vergessen. Du kannst es dir auch auf den Einkaufszettel schreiben: (M)Ein Stück Verantwortung.

Vom Wetter zum Unwetter

Das Tröstliche am Wetter ist, dass es jeden Tag eines gibt. Meist zwar das, das man sich gerade nicht wünscht, aber immerhin.

Auch für die Landwirtschaft ist nicht jedes Wetter recht.

Das Wetter sollte im besten Fall fein positioniert und dosiert auftreten. Da etwas Sonne, dort etwas Regen. Nicht zu viel und nicht zu lange.

Zu viel Sonne heißt Trockenheit, heißt in weiterer Folge Dürre, heißt Ernteausfälle.

Zu viel Regen heißt schwere Böden, heißt Erosion, heißt schwierige Bearbeitung und bedeutet vermehrt Pflanzenschädlinge und Verunkrautung, heißt Ernteeinbußen.

Regen ist immer dann gut, wenn der Boden ihn brauchen kann. Aber meistens kommt das Wetter zur Unzeit. Die Sonne, wenn der Acker Regen bräuchte, und der Regen, wenn die Frucht nach Sonne giert.

So ist das Wetter ein entscheidender Faktor dafür, was wächst und was verdirbt.

So ist es auch eine Frage des Wetters und der langfristigen Klimaentwicklung wie viel Essen wächst.

Die Mehrheit der Menschen interessiert jedoch nur das Wochenendwetter.

Auch der Boden erscheint uns als nicht besonders wertvoll. Solange es genug davon gibt, ist es das Gleiche wie mit dem Wasser, wir gehen sorglos damit um.

Es scheint von allem genug zu geben, und wenn nicht, dann werden wir das Problem technisch lösen. Warum sich Sorgen machen? Alles ist machbar.

Zwei globale Ereignisse rasen wie irregeleitete Rallyefahrer aufeinander zu, jährlich wächst die Erdbevölkerung um 80 Millionen zusätzliche Erdenbürger, gleichzeitig verlieren wir jährlich Millionen von Hektar fruchtbarer Böden. Lebensmittel aber brauchen zum Wachsen nährstoffreiche Böden und Wasser.

Wenn wir weiter verschwenden und verkarsten, wird vieles verwüstet.

Wenn uns unsere Vernunft keine Grenzen setzt, wird uns die Natur Grenzen setzen. Das wird schmerzhaft werden.

Es gibt verdammt schlimme Unwetter und sie kommen immer öfter und werden immer schlimmer. Weltweit nehmen die Naturkatastrophen zu. Wenn das Wetter bestimmten, bis dahin nicht wahrgenommenen, neuen Trends folgt, schlagzeilt wieder der Klimawandel. Aber das Wetter ist und war immer sprichwörtlich wechselhaft.

Bereits im Wort Unwetter zeigt sich das Unheil, das dadurch Menschen, Vieh und Natur zugefügt wird. Noch immer hängt es vom Wetter ab, ob eine reiche oder karge Ernte eingefahren wird. Deshalb sollten wir Wetter- und Klimaveränderungen mit größter Sorgfalt beobachten, weil es davon abhängt, ob der Teller voll oder leer am Tisch steht und ob wir das, was wir wollen, auch noch bezahlen können.

Essen als Spekulationsobjekt

Weltweit vermehren sich die Menschen explosionsartig: 2,6 pro Sekunde, 158 pro Minute, 228.000 pro Tag, 83 Millionen pro Jahr.

Alle müssen essen. Alle wollen leben. Alle fordern ihren Anteil am Wohlstand. Wundert es so gesehen jemanden, dass Essen immer öfter zum Spekulationsobjekt wird?

„Nahrungsmittel werden teurer, Millionen Menschen können sich das tägliche Brot nicht mehr leisten. Die Hauptschuld an der Misere tragen weder der Klimawandel noch die wachsende Bevölkerung und auch nicht der Anbau von Biosprit-Pflanzen. Schuld ist die Gier der Anleger: Seit die Finanzmärkte das Geschäft mit den Rohstoffen entdeckt haben, explodieren die Preise. Und mit ihnen die Not in der Dritten Welt."

("Der Spiegel", Nr. 35, 2011)

„Die Regierungen haben viel zu lange die Interessen von Konzernen und mächtigen Eliten über die Bedürfnisse von uns sieben Milliarden Menschen gestellt, die die Nahrungsmittel produzieren und konsumieren."

("Der Spiegel", Nr. 35, 2011)

Der Macht der Preise hat die Politik, scheint es, nichts entgegenzusetzen. So geraten wir immer stärker in Abhängigkeiten von Kräften, deren Fädenzieher wir nicht kennen. Als Ausrede gelten „DER MARKT" und „DIE MÄRKTE", wobei beides als etwas gottgegebenes dargestellt wird, an dem zu rütteln die Menschheit scheinbar nicht befugt ist.

Das große Fressen

Der Mensch ist ein Allesfresser wie das Schwein. Im Laufe seines Lebens vertilgt ein Zweibeiner in unseren Breiten statistisch betrachtet einen ganzen Bauernhof.

Über die Jahre brauchen wir Tonnen von Energie und verschlingen alles, was uns als essbar erscheint, was Tradition und Kultur erlauben, was unsere Neugierde befriedigt und uns Genuss verspricht.

Für diesen Appetit müssen 1094 Lebewesen ihr Leben lassen.[3]

Am Ende eines durchschnittlichen Menschenlebens stapeln sich auf dem Teller die Gerippe von 4 Rindern, 46 Schweinen, 4 Schafen, 46 Truthühnern, 12 Gänsen, 37 Enten und 945 Hühnern. Dazu verschlingen wir Tonnen von Gemüse und Obst, quadratkilometerweise Landschaften und vernichten auch sonst alles, was uns als begehrenswert oder für den Augenblick als nicht nützlich erscheint.

Das große Fressen – ein Leben lang.

Der Hunger der Menschen geht weit über das Essen hinaus. Der Vielfraß bezieht sich auf alle Lebenssituationen. Er greift überall zu, wo er sich individuelle Chancen und Profite erwartet. Der Mensch lebt nicht nur von Brot allein. Er will mehr. Er will nicht nur seinen Magen füllen, er strebt nach Anerkennung, Status und Selbstverwirklichung.

Die einfachste Abgrenzungsmöglichkeit in einer Verbrauchergesellschaft ist MEHR zu haben, sich MEHR Verbrauch leisten zu können als Freunde und Nachbarn, also jene, mit denen man sich gerne vergleicht. Das macht uns anfällig für Versuchungen und Verführungen aller Art. So steht der Mensch zeitlebens im Spannungsbogen zwischen den beiden Polen, dem einfachen Leben und dem Hecheln nach MEHR.

Damit ist jeder von Geburt an ein Wanderer zwischen den Welten selbstbeschiedener Zufriedenheit und der nimmersatten Gier. Diesen beiden Kraftfeldern ist jeder von uns ausgeliefert und irgendwann fällt jeder seine ganz persönliche Entscheidung: Einfach nur leben oder Vielfraß à la Super-Termite mit oft vernichtenden Auswirkungen auf Mensch, Tier und Umwelt.

Verlust der Wertschätzung

Das überbordende Angebot an Lebensmittelkreationen hat auch damit zu tun, dass wir immer größere und vielfältigere Ansprüche stellen. Viel und billig muss es sein. Unsere Ansprüche sind hoch. Lebensmittel sollen billig und gesund sein, frisch und haltbar. Sie sollen schlank und nicht dick machen. Sie sollen das Immunsystem stärken und natürlich sein und es sollen große Portionen serviert werden.

Der Vielfraß ist gierig. Er will fürs Fressen nicht viel Geld ausgeben. Viel und billig muss es sein. Das ist die Forderung.

Was hinter den Kulissen passiert, in den Ställen, auf den Feldern, in den Plantagen, beim Fischfang, bei der Verarbeitung und Zubereitung kann getrost hinter dem Vorhang bleiben. Das interessiert nur wenige. Viel und billig wollen wir es haben.

Der Vielfraß hat seinen Anspruch längst formuliert und durchgesetzt.

Noch vor 50 Jahren in den berühmten 60er-Jahren des vergangenen Jahrhunderts, als die Beatles und Rolling Stones groß wurden, gaben die Menschen hierzulande mehr als ein Drittel ihres Einkommens für Lebensmittel aus. Heute sind es gerade noch 12 Prozent.

Kein anderer Bereich des täglichen Bedarfes ist so billig geworden wie Lebensmittel. Dieser ständige Preisrückgang hat viele Bauernhöfe zur Aufgabe gezwungen. Unsere Gier nach billigen Lebensmitteln hat vielen Bauern ihre Existenz gekostet, genauso wie vielen kleinen Lebensmittelgeschäften. 1960 bearbeiteten noch 402.000 Bauernhöfe ihr Land, heute sind es gerade noch 160.000 Höfe in Österreich, mit weiter stark fallender Tendenz. Dasselbe Bild zeigt sich in Deutschland und anderen Wohlstandsländern.

Diese Entwicklung führt zu zwei konkreten Auswirkungen:

Mit dem ständigen Preisdruck auf die Landwirtschaft wurden der Massentierhaltung und der industrialisierten Landbewirtschaftung Tür und Tor geöffnet und billige Lebensmittel sind zum Wegwerfprodukt geworden und haben dadurch die notwendige Wertschätzung verloren. Die Tiere sind zur Ware verkommen.

Der Vielfraß Mensch hat gründlich aufgeräumt.

Anstiftung zur industriellen Landwirtschaft

In den vergangenen 50 Jahren sind die Lebensmittel um rund 50 Prozent billiger geworden. Wir müssen also heute für unser Essen viel weniger lang arbeiten als noch unsere Eltern oder Großeltern.

Das ist doch in Wirklichkeit unrealistisch. Wo doch jeder von uns weiß, dass alles um uns herum ständig teurer wird.

Warum werden dann Lebensmittel immer billiger? Ist das nun Fortschritt oder Rückschritt? Schlaraffenland oder Anstiftung zur industriellen Landwirtschaft?

Auf jeden Fall ergeben sich daraus sichtbare Konsequenzen: Die Anzahl der tierhaltenden landwirtschaftlichen Betriebe nimmt in unseren Wohlstandsländern rapide ab. Schweine und Kühe machen eben auch an Sonn- und Feiertagen viel Mühe. Gleichzeitig steigt aber die Anzahl der gehaltenen Tiere je Betrieb enorm.

Wer stellt sich dafür in die erste Reihe und applaudiert?

Alle wollen billige Lebensmittel. Jeder giert nach dem nächsten Sonderangebot. So verkommen die Lebensmittelerzeugung und der Lebensmittelhandel in den wichtigsten Bereichen zum Groschengeschäft.

Wenn aber nur noch ein paar mickrige Cents je Einheit verdient werden können, dann verändert das die Strukturen. Es braucht entsprechend große Bauernhöfe und große Lebensmittelgeschäfte, um über einen möglichst großen Umsatz zum Geld zu kommen.

Zudem steigert das die Versuchung, mit Hilfe von Tricks und unlauteren Mitteln die Gewinnspannen zu vergrößern.

So hat sich die Fläche, die ein Bauernhof in Österreich bewirtschaftet, in den vergangenen 40 Jahren verdoppelt, von 10,5 Hektar 1970, auf 20 Hektar heute. In derselben Zeit fand auch ein Kahlschlag im Lebensmittelhandel statt. Tausende Dörfer und Orte haben kein Lebensmittelgeschäft mehr.

Auch hier hat der Vielfraß ganze Arbeit geleistet.

Bleibt die Frage, ist dadurch etwas besser geworden?

47

Freihandel

Freihandel heißt, dass diejenigen, die Güter billiger produzieren können als andere, nicht daran gehindert werden dürfen, sie auch weltweit günstiger zu verkaufen. Wem das nützt? Diese Regelung nützt den Starken und macht sie stärker und sie nützt den agrarischen Gunstlagen und macht sie zu überdüngten Agrarsteppen. Die WTO, die World Trade Organisation oder zu Deutsch die Welthandelsorganisation, hat heute eine Macht, die nicht unterschätzt werden darf. Hier sitzen Funktionäre an den Hebeln, die sich weder einer regelmäßigen Wahl stellen müssen noch eine andere demokratische Legitimation haben. Sie sind Interessensvertreter, lupenreine Lobbyisten, Diener ihrer Herren. Sie entscheiden nicht nach sozialer Verträglichkeit, Nachhaltigkeit oder Kriterien allgemeiner Wohlstandsverbesserung, sondern nach möglichen Profiten ihrer Unternehmen. Die WTO tritt für den weltweiten freien Handel ein. Freier Handel für wen? Seit 40 Jahren werden die Lebensmittel bei uns immer billiger. Die Frage ist, wie lange können wir uns eine weitere Verbilligung der Lebensmittel leisten? Wenn Lebensmittel – ganz gegen den allgemeinen Wirtschaftstrend – immer billiger statt teurer werden, werden alle tricksen und betrügen müssen, um noch überleben zu können. Dieser ständige Preisdruck verdrängt immer mehr selbstständig wirtschaftende Bauern und begünstigt Großbetriebe, die sich untereinander vernetzen und sich kartellartig organisieren. Das führt langfristig direkt zu einer stark konzentrierten Massentierhaltung mit grausamem Tierleid und zu landschaftstötenden Monokulturen mit all ihren negativen ökologischen Auswirkungen. Der Nutzen für den Konsumenten ist nur ein kurzfristiger und oberflächlicher. Denn die Reparaturmaßnahmen für Ökoschäden, Lebensmittelkontaminierungen werden ein Vielfaches des zuvor durch billigen Einkauf Ersparten verschlingen. Wenn nur noch das, was schnell und zum kleinsten Preis produziert werden kann, eine Chance hat, führt das zu Verarmung der Arten, zu Einfalt statt Vielfalt, zu verstärkter Krankheitsanfälligkeit, zu gefährlichen Mutationen von Bakterien und Viren und damit zu anfälligen und krankmachenden Situationen. Dazu kommt Folgendes: Wenn es immer weniger Bauern gibt, die unsere Landschaft de facto kostenlos pflegen und prägen, werden diese Aufgaben andere übernehmen müssen. Auch das wird kosten und wir werden es bezahlen. Der Applaus für immer billiger werdendes Essen wird uns langfristig noch teuer zu stehen kommen.

Machtfaktor Boden

Boden ist ein nicht vermehrbares Gut. Trotzdem steigt der Hunger auf Boden für Autobahnen, Fabrikshallen, Einkaufszentren und Parkplätze ständig. Auf solchen Flächen wachsen keine Lebensmittel.

Bodenverlust bei gleichzeitig rapid wachsender Bevölkerung führt irgendwann zu explosiven sozialen Verhältnissen. Länder, die vor dieser Situation stehen und es sich leisten können, versuchen vorzubeugen und importieren Böden und damit Anbauflächen. Da das praktisch nicht möglich ist, kaufen diese Länder Land in anderen fruchtbaren Weltgegenden, meist in sogenannten Entwicklungsländern, hauptsächlich in Afrika. Zu den ganz großen Landinvestoren zählen China und Südkorea. So kaufte China im Kongo 2,8 Millionen Hektar und Hundertausende Hektar im Sudan und in Simbabwe. Ähnliches gilt für Südkorea und andere Schwellenländer. Brasilien wiederum kauft kein Land, sondern rodet wertvollen Urwald.

Der Hunger auf Boden ist groß. Der Vielfraß Mensch hat sich neue Spiele ausgedacht. Boden wird täglich weniger. Autobahnen, Golfplätze, Freizeitparks, Industriegebiete, Einkaufszentren, Flughäfen und Bauland brauchen viel Platz und beste Gründe. Dazu kommen erodierte, ausgelaugte, mit Schadstoffen belastete und dadurch für die Lebensmittelerzeugung unbrauchbar gewordene Böden.

In Österreich rechnet man mit einem täglichen Bodenverbrauch von 20 Hektar. Die Schweizer beziffern ihren Bodenverlust mit einem Quadratmeter je Sekunde, das sind 10 Hektar pro Tag. Deutschland schätzt seinen täglichen Bodenverlust auf 148 Fußballfelder, das sind rund 110 Hektar. Weltweit fallen jährlich etwa 7 Millionen Hektar Boden – fast die Fläche Österreichs – aus der Lebensmittelproduktion.

Nicht gerade ermutigende Zahlen, wenn man 2050 mit fast 10 Milliarden Menschen auf unserem Planeten rechnet.

Laut FAO (Food and Agricultur Organisation) müsste sich, um sie alle ernähren zu können, die Lebensmittelproduktion bis dahin verdoppeln. Also von weniger Boden das Doppelte herausholen.

Macht der Märkte

Die Wegwerfgesellschaft ist Wirklichkeit geworden. Wir werfen alles weg, was uns für den Augenblick als unnütz erscheint. Egal, ob kaum gebrauchtes Sofa, aus der Mode gekommene Jeans, nicht mehr auf dem letzten technischen Stand befindliche TV-Geräte oder zu viel eingekaufte Lebensmittel.

Niemand hat deswegen ein schlechtes Gewissen. Die Müllsammelstellen quellen über. Die geordneten Mülldeponien kommen in Unordnung.

Die Stadt Wien wirft täglich so viel Brot weg wie Graz, die zweitgrößte Stadt Österreichs (270.000 Einwohner), täglich zum Leben braucht. Warum passiert das Gleiche nicht mit Autos oder Laptops? Ist es doch eine Frage des Wertes?

Sind Lebensmittel für wohlstandverwöhnte Wellnessbürger zu billig?

Ist es nicht eigentümlich, dass in einer Welt der Überschüsse eine Milliarde Menschen Hunger leiden muss? Und ist es nicht sonderbar, dass von dieser einen Milliarde Hungernden 70 Prozent – also 700 Millionen – am Land leben, dort wo auch die Lebensmittel wachsen?

Wer satt wird, darüber entscheidet schon lange nicht mehr die Fruchtbarkeit des Bodens, sondern die Macht der Märkte.

Wer keine an das lokale Klima angepassten robusten Sorten bekommt, weil die internationalen Saatgutkonzerne nur ihr eigenes, verhätscheltes Hybridsaatgut vermehren und damit die lokalen Sorten ausrotten, hat keine Chancen auf eine gute Ernte. Wer kein Geld für den Saatgutkauf hat, kann nichts anbauen.

Wer kein eigenes Land besitzt, weil alles Land wenigen Großgrundbesitzern gehört, kann keine eigenen Lebensmittel herstellen.

Wer keine eigenen Lebensmittel kultivieren darf und auch keine kaufen kann, verhungert.

Das sind nur einige der Gründe, warum in Entwicklungsländern Menschen auf ihrem Land verhungern.

54

Orientierungsloser Fortschrittsglaube

Wir sind orientierungslos. Wir wollen viel. Wenn möglich alles. Aber wir wissen nicht ganz genau, wie das gehen soll und was es sein soll. Uns ist der Kompass, der uns die richtige Richtung anzeigen soll, abhanden gekommen. Es ergeht uns wie allen, die es schwer haben, sich zu orientieren, den Wüstendurchquerern, Seefahrern und Nordpolforschern. Ohne Kompass suchen, hoffen und irren wir, sind für Fata Morganas anfällig und lassen uns gern von Einflüsteren den Weg weisen.
Bei Verlust der Orientierung wachsen die Skelettberge entlang der Irrwege.
Vielleicht stimmt es ja, dass der Kompass an Bedeutung verloren hat. Aber auch mit falsch programmiertem Navi in Zusammenspiel mit ferhlerhaftem GPS landet man im Graben, wie derartige Beispiele immer wieder belegen.

Wir sind Fortschrittsgläubige und bewundern grundsätzlich alles, was uns als fortschrittlich erscheint.
Aber was ist FORTschritt? Einfach ein Fortschreiten auf einem begonnenen Weg?
Ein Schritt fort von was? Ein Schritt nach vorn? Aber wo ist vorn und wo ist hinten in einer kugelförmigen Welt?
Wer bestimmt und bewertet, was Fortschritt ist?
Für die Mehrheit der Menschen ist Fortschritt, was der Einzelne für sich als solchen zu erkennen glaubt beziehungsweise was die Medien als solchen verkaufen.
Wir sind zuallererst eine Bewunderungsgesellschaft.
Wir bewundern gerne die Stars, die Seitenblickegesellschaft, das Fortschrittliche, das angeblich Moderne, die Opernballteilnehmer, die Prominenten.
Das ist eines unserer Probleme.
Wir bewundern vieles, was nicht bewunderungswürdig ist.

Humankapital

Ursprünglich war der Mensch als ein Wesen mit eigenem Willen und Gefühlen konzipiert. Inzwischen haben die Konsumdarwinisten das Patent abgeändert und ihn zu einem rein ökonomischen Wesen umgemodelt. Heute sind du und ich ein Teil des investierten Kapitals. Vielleicht ist dir das in einem Selbstbeobachtungsversuch sogar schon aufgefallen. In allen Berufen und in allen Sparten ist der Mensch zum „Humankapital" verkommen. Er hat wie eine Maschine zu funktionieren und wer es nicht mehr bringt, ist draußen. Solange es nur andere betrifft, sind wir mit diesen Regeln einverstanden. Trifft es jemanden aus der eigenen Familie oder gar einen

selbst, fluchen wir über das ungerechte System. Aber wir spielen mit, in der Hoffnung, vielleicht auch selbst einmal den Jackpot zu knacken. Vielleicht irgendwann selbst ganz vorne zu stehen und über andere verfügen zu können und abzukassieren. Deshalb ist unsere Empörung schaumgebremst. Noch gäbe es mehr zu verlieren, als zu gewinnen. Sollen doch zuerst jene aufbegehren, die nichts mehr zu verlieren haben. Wir sind noch im Spiel und so lange spielen wir den Regeln entsprechend mit. Immerhin begreifen wir uns als gut investiertes Humankapital. Zumindest so lange, so lange auch für uns entsprechende Zinsen abfallen.

So hat alles und jeder seinen Preis und erst am Ende wird abgerechnet und man wird sehen, ob sich die investierte Hoffnung tatsächlich verzinst. Derart wird selbst die Hoffnung zu einer Zuarbeiterin der Gier.

Die Gier und wir

Die Gier und wir

Wir und die Gier, das ist eine eigentümliche Beziehung. Wir wünschen sie uns nicht direkt herbei, aber wenn sie einmal da ist, werden wir sie nicht mehr los. Sie treibt uns an und gibt uns an manchen Tagen das Gefühl: Alles ist möglich. Sie fordert uns, lässt uns von Dingen träumen, die wir uns selbst nicht zutrauen und wir – nicht sie – tadeln uns selbst, wenn wir ihre Vorgaben nicht erreichen. So wird sie zu unserem ständigen heimlichen Begleiter, deren Bekanntschaft wir öffentlich auf das Heftigste bestreiten. Wir werden unsere Beziehung zu ihr niemals zugeben, weil uns ihre Freundschaft peinlich ist.

Das liegt wohl an den besonderen Eigenschaften der Gier. Die Gier ist unerbittlich. Sie wird niemals satt. Sie kennt keine Grenzen und sie will immer mehr. Sie verstellt uns die Sicht auf das wenige Wesentliche im Leben. Wir können ihr nur entkommen, wenn wir uns für unsere eigene Zufriedenheit klare Ziele setzen und wenn wir die Disziplin aufbringen, unsere eigenen Vorgaben auch tatsächlich einzuhalten. Nicht uninteressant zu erwähnen ist auch der Zusammenhang zwischen Wohlstand und Gier sowie zwischen Armut und Gier. Je wohlhabender eine Gesellschaft ist, desto intensiver, so scheint es, wird die Mehrheit ihrer Bürger vom Massenphänomen der Gier infiziert. Zu viel gibt es, was wir noch zu brauchen vermeinen. Umgekehrt ist es in einer armen Gesellschaft, in der fast alle gleich wenig haben. Die Gier wird in solchen Gesellschaften de facto ausgetrocknet und kommt höchst verborgen und nur vereinzelt vor. Es ist zu wenig an realen Möglichkeiten da, um danach gierig zu greifen. Das ist wohl auch der Grund, warum der Zufriedenheitsgrad mit dem Grad des Wohlstandes nicht korreliert. Die Glücksforschung zeichnet dazu ein deutliches Bild. Wohlstand macht nicht glücklich. Je früher wir erkennen, wie wenig Wesentliches es im Leben gibt – Familie, Freunde, Zufriedenheit, Freiheit – und dass das meiste davon nur von unserer eigenen Wertschätzung, die wir diesen Dingen beimessen, abhängt, desto standhafter werden wir den Verlockungen der Gier widerstehen.

Uns muss stärker bewusst werden, dass wir in den Wohlstandsländern zwar immer reicher werden, aber in der Seele immer hungriger. Erst wenn wir selbst wissen, ab welchen Errungenschaften – materieller und emotionaler Art – wir zufrieden sind, wird die Gier weniger Macht über uns haben, werden wir immun gegen ihre Versuchungen sein.

Die Gier ist ein zweischneidiges Schwert mit zwei ganz unterschiedlichen Klingen. Ihre weniger scharfe Seite treibt uns an, motiviert, stachelt an und bringt uns weiter. Schlimm ist die zweite, sehr scharfe Klinge, die so scharf schneidet, dass die Tiefe des Schnitts nicht mehr zu steuern ist. Das ist diese grenzenlose Gier, die Unersättliche, die Unerbittliche, die lieber vernichtet als verzichtet. Gepaart mit den heutigen technischen Möglichkeiten ist diese Art der Gier eine Zeitbombe, die tickt, ohne dass sie gehört wird. Wann immer wir von der Gier reden, meinen wir genau diese negativen Auswüchse. Nicht jeder ist gierig und nicht alles ist Gier, was danach aussieht. Aber die Gier schlummert in jedem von uns und sie ist hellwach, wenn es um Wesentliches für uns geht. In seiner ursprünglichsten und harmlosesten Form kann das an jedem Buffet beobachtet werden.

Niemand ist gierig um der Gier willen. Die Gier hat viele Zuarbeiter, wie das Streben nach Zugehörigkeit, nach Anerkennung, nach Macht oder die Eitelkeit, um sich von anderen abzuheben, den Stolz, um zu zeigen, was in uns steckt, und vor allem die Angst, weil wir fürchten, zu kurz zu kommen. Wir alle wollen erfolgreich und anerkannt sein und eifern jenen nach, die etwas haben, was auch wir gerne hätten. Die Gier an sich erfüllt keinen Selbstzweck.

Wir und die Gier leben in einer Art Symbiose, einfach um den Kopf über Wasser zu bekommen oder um uns von anderen zu unterscheiden. Jeden Tag stürzt ein Schwarm von Anforderungen und Informationen über uns herein, schwappt ein Schwall von Verlockungen und Propaganda über unseren Köpfen zusammen, drückt uns unter

Wasser und lässt uns noch mehr strampeln. Zugleich sagt uns die Politik, dass wir uns um unsere Angelegenheiten gefälligst selbst kümmern sollen, dass wir für alles selbst verantwortlich sind. Während der Großteil von uns um Luft ringt und sich bemüht, den Kopf über Wasser zu halten, bereichert sich eine kleine privilegierte Kaste schamlos und ohne Anstand. Und es ist niemand da, der sie in die Schranken weist. Der Einzelne hat weder die Kraft noch die Zeit, neben seinem privaten wirtschaftlichen Überlebenskampf auch noch den gesellschaftlichen Reinigungsprozess voranzutreiben. Zudem sind die Dinge zu komplex und undurchschaubar. So ärgern wir uns, ohne noch genau hinzusehen, um selbst am Schwimmen zu bleiben, und erleichtern damit das Treiben der Schamlosen und Bösen zusätzlich, weil ihnen kaum noch jemand auf die Finger schaut.

Die Welt zu verstehen wird so täglich schwerer, wenn die Habgier ungestraft alles darf, während man selbst sein Gewissen auf Härte trainieren muss. Das ist das eigentlich Tragische an der Gier, dass sie uns abstumpft, teilnahmslos und unbarmherzig macht. Obschon uns das gelegentlich selbst aufstößt, suchen wir nur nach Ausreden und nicht nach Veränderung. Als Entschuldigung bieten wir Gemeinplätze wie: „Jeder muss sehen, wie er durchkommt", oder „Das machen alle so". Und schlussendlich gilt sowieso für alle die Unschuld, zumindest als Vermutung.

Letztendlich haben wir nur eine Chance, dem Teufelskreis der Gier und dem stetigen Hochlizitieren zu entkommen, wenn wir wissen, was wir wollen. Und wenn wir wissen, wann und womit wir zufrieden sind. Erst wenn wir diesen Akt der Selbstdisziplinierung schaffen und nicht nur mehr Getriebene sind, können wir selbstbestimmt agieren.

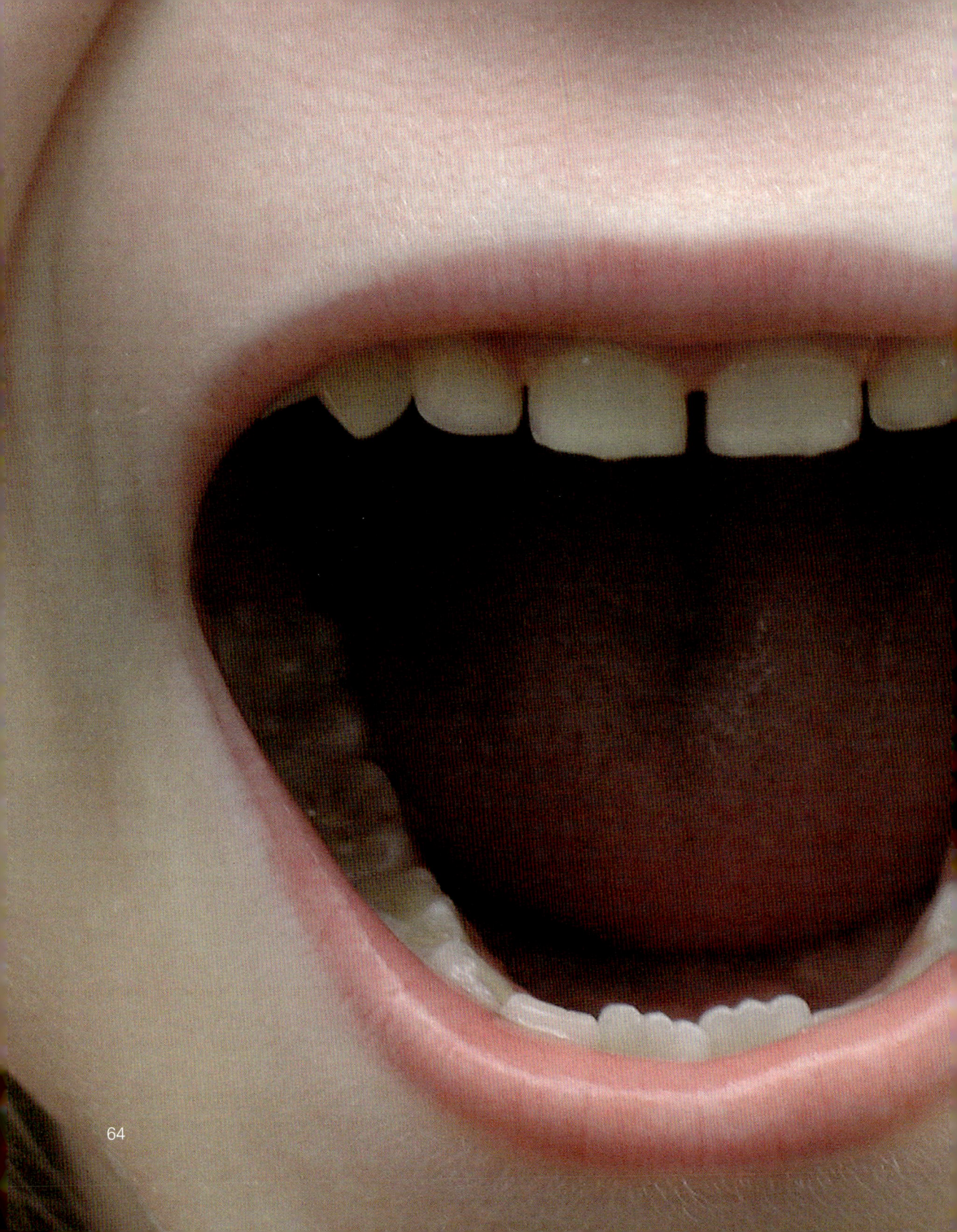

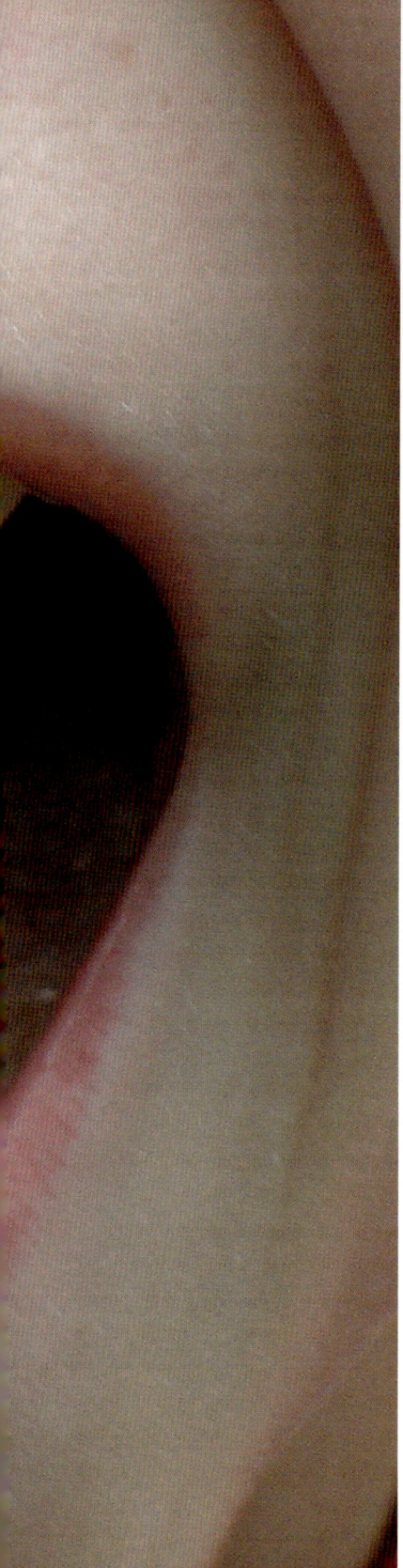

Die Gier ist eine einfache Sache. Niemand braucht sie zu lernen. Keiner braucht sich anzustrengen. Sie kommt ganz allein von selbst.

Sie beginnt an der Brust der Mutter und endet in der pompösen Familiengruft. Sie pirscht sich leise heran, bleibt oft scheu im Hintergrund und sitzt bei wichtigen Entscheidungen doch mit am Tisch. Die Gier mutiert den Menschen zum nimmersatten Vielfraß.

Die Gier agiert als unaufdringliches Luder, verführerisch, einflüsternd und manchmal so unaufdringlich, dass viele sie gar nicht bemerkt haben wollen.

In Anbetracht dessen, dass der Großteil der Menschen gewillt ist, friedlich seinem Tagwerk nachzugehen, wirkt die Entdeckung der Gier wie ein Konstruktionsfehler der Natur. Die Maßlosigkeit, die keine Beschränkung kennt, verwandelt die an sich friedlich Konzipierten in ein anderes Wesen. Wahrscheinlich liegt der Verlust des Paradiesischen sowie das Böse und Trostlose, das fortwährend einzelne Existenzen und ganze Völker heimsucht und sich bisweilen wie eine planetarische Seuche über den Globus ausbreitet, in genau diesem einen Schaltfehler. Wer vom Virus der Gier befallen ist, kann sich von diesem kaum noch befreien, agiert wie ein Süchtiger und wird zunehmend anfälliger für Manipulation und Korruption. Alles wird gefordert, gerafft, gehortet, angehäuft, ausgespien, weggeworfen, zertrampelt und vernichtet.

Ist die Moral einmal beim Teufel, zählt nur noch das Fressen. Es gilt die alte Regel des Wilden Westens: Zuerst wird geschossen und dann gefragt. Zuerst kommt das Fressen, und auch dann keine Moral.

Leben und nicht leben lassen

Wir Menschen sind wie Termiten. Sind, wenn es um unseren vermeintlichen Vorteil geht, ohne Verstand, zentriert nur auf unseren Fressschädel und fressen uns unseren eigenen Tisch, von dem wir essen, und den Sessel, auf dem unsere Existenz ruht, unterm Hintern weg.

Die Termiten mögen mir diesen Vergleich verzeihen. Ihre Instinkte bewahren sie vor solchen Dreistigkeiten, der Mensch hingegen ist zu allem fähig.

Ähnlich ist unser Verhalten miteinander. Es geht nicht mehr darum, einen Kompromiss zu finden. Nein. Uns stehen alle Rechte zu. Wir wollen das ganze Recht. Jeder will Recht haben. Wir sind eine rechthaberische Gesellschaft geworden, bis tief in jede Familie hinein. Wir glauben, dass es unser gutes Recht ist, Recht zu haben. Wir nehmen uns das, von dem wir glauben, dass es uns zusteht. Das Recht an und für sich mag für alle gleich sein, für uns selbst nehmen wir aber bevorzugt unsere eigenen Maßstäbe. Auch auf diese Ausnahme glauben wir ein Recht zu haben. Wenn wir selbst nicht mehr weiter wissen und uns alles über den Kopf zu wachsen droht, holen wir uns einen Anwalt. Nur keinen Millimeter nachgeben. Das wäre noch das Schönere. Dann sollen die Gerichte Recht sprechen. Die Mehrheit spricht vom Recht, das ihnen zusteht, und meint in Wahrheit Gerechtigkeit. Aber die Gerichte sprechen Recht und das kann subjektiv oft sehr ungerecht sein. Recht und Gerechtigkeit sind keine eineiigen Zwillinge. Jemandem gerecht zu werden bedeutet nicht, ihm immer und überall Recht zu geben.

Der Kampf ums Rechthaben wird härter. Eine egoistische Gesellschaft fühlt sich immer im Recht und jeder ist bereit, dafür zu kämpfen. Die Gier der Rechthaberischen ist verletzend, weil sie nur ihre Art von Recht gelten lassen. Das Schlimmste aber ist, dass sie permanent ihre Art von „Rechthaben" mit Gerechtigkeit verwechseln. Sie halten sich für selbstgerecht. Aber wer gerecht sein will, sollte sich nicht unbedingt einen Anwalt nehmen. Anwälte sind Rechtsanwälte, aber keine Gerechtigkeitsanwälte. Im Gegenteil, sie teilen in Sieger und Besiegte. Das Problem ist nur, dass wir die Knallharten, die ihr Recht durchsetzen, bewundern. Zu ihnen schauen wir auf, ihnen gehört unser Respekt. Sie sind das Vorbild. Sich nur nichts gefallen lassen, und wenn notwendig, schauen wir es uns an, wer Recht hat. Und Recht haben die, die die besseren und teureren und rücksichtsloseren Anwälte haben. So denken die Rechthaberischen, die glauben, immer im Recht zu sein.

Wenn du das nächste Mal in der Klemme bist, versuche es mit einem freundlichen Gespräch. Ein ruhiges Gespräch, mit ruhigen Worten schafft eine entspannte Atmosphäre, in der Annäherungen ohne Sieger und Verlierer gedeihen. Das Prinzip „leben und leben lassen" ermöglicht auch in diesem Bereich einen entspannteren Umgang miteinander.

Kampf ums DAsein

Überall, wo es auf dem Planeten Leben gibt, wird um das DAsein gekämpft. Es ist ein archaischer Kampf um Leben und Tod, um Fressen und Gefressenwerden. In wirtschaftlich unterentwickelten Kulturen, in Staaten ohne Rechtsempfinden mit Despoten an der Spitze und in Gesellschaften, wo Unrecht und Unterdrückung herrschen, haben wir das bis zum heutigen Tag. Der Stärkere, der Klügere, der Schnellere oder auch nur der im Moment Glücklichere überlebt. Der moderne Mensch in unserer Gesellschaft hat aber nicht nur ein Leben. Er hat zwar, wie alle Lebewesen, nur ein physisches Leben, aber daneben hat er ein Arbeitsleben, ein Wirtschaftsleben, ein Familienleben, ein Gesellschaftsleben und noch andere mehr. Damit gibt es auch mehrere Schauplätze des Daseinskampfes.

Pauschal betrachtet sind es zwei Kämpfe, die der Homo sapiens in unserer Zeit und in unseren Wohlstandsländern ficht. Es sind zwei ungleiche Kämpfe. Da ist einmal die existenzielle Rangelei um die Lebenserhaltung, um die nackte Existenz. Der Lebenskampf um die grundlegenden Dinge des Lebens: Essen, Trinken, Wohnen. Dabei dreht sich alles ausschließlich ums DAbleiben, am Leben bleiben. Etwas also, das in unseren Ländern, außer im Fall von schweren Erkrankungen, in dieser ursprünglichen, archaischen Form durch die bestehenden Sozialsysteme nicht mehr in voller Härte stattfindet.

Ist jedoch das DAsein als Existenz gesichert, beginnen die brutalen Kämpfe um das SEIN. Der verwöhnte Wohlstandsmensch kämpft heute nicht nur mehr um das DAsein, im Sinne als Kampf, um die Erhaltung des Lebens an sich, als vielmehr um das Sein. Was habe ich? Wer bin ich? Wie zeige ich es, wer ich bin?

Nur wenn der Wohlstandsbürger zeigen kann, was er hat, ist er. Dann ist er da, wird wahrgenommen und nimmt sich selbst war. Die so vermittelte Botschaft ist eindeutig, frei nach René Descartes: „Ich habe, daher bin ich." Dieser Kampf ums Haben, über das sich das eigentliche daSEIN mehrheitlich definiert, wird geführt wie ein Krieg. Krieg gegen andere, Krieg gegen sich selbst. Das eine Mal raffiniert, strategisch ausgeklügelt als Karriereplanung, das andere Mal plump, nur von der Gier getrieben, instinktiv.

Das Ziel ist in beiden Fällen das Gleiche. Mehr zu haben und über dieses Haben das eigene Sein auszudrücken. Der Sinn des Lebens wird in das Haben transferiert. Die Erwartungshaltung an den Endapplaus ist für diese Art der Daseinskämpfer immer ähnlich. Für ihre Bemühungen erwarten sie Anerkennung. Sie wollen gut dastehen und sie wollen Spuren hinterlassen in Form angehäufter materieller Werte. Vergessen wird dabei immer, dass Stahl rostet, Beton reißt, Verputz bröckelt und auch die schönsten Fassaden verwittern.

Verbogenes Eisen, verrosteter Stahl, zerbröckelter Beton. Schaurige Überbleibsel für ein Leben voller Kämpfe und Entsagungen.

Was ist so schön am Siegen?

Was ist so schön am Siegen, wenn es am Ende doch nur ein Pyrrhussieg sein kann? Was ist so schön am Erfolgreichsein, wenn der Erfolg ständig gedopt werden muss? Warum wollen wir alle Champions sein?

Entsteht die eigene Erhöhung aus der Niederlage der anderen? Ist es das Geld? Ist es die Anerkennung oder der Stolz zu zeigen, was in uns steckt? Wollen wir nur dazu gehören, um weniger Angst haben zu müssen, abgehängt zu werden?

Ein ganzer Kontinent lebt Jahrzehnte über seine Verhältnisse und keinem fällt das auf. Jetzt, wo sich das ganze Ausmaß für alle sichtbar im Tageslicht zeigt, suchen alle nach einem Retter. Wir sind fürwahr sonderbare Wesen. Sehr lange hat die Mehrzahl von uns tatsächlich geglaubt, dass die Bäume in den Himmel wachsen, obwohl wir wissen, dass sie das nicht tun. Wir haben das auch immer gewusst, geglaubt aber haben wir den Märchenerzählern und Gauklern. Wir haben freudig mitgemacht, applaudiert und alle warnenden Stimmen für nichtsnutzige Spielverderber gehalten. Zu schön waren die Kursfeuerwerke an den Börsen, die Bilanzen auf rosarotem Papier und die Zukunftsvorschauen, dass alles grenzenlos besser wird. Wir haben es geglaubt und die Parolen von den selbstregulierenden Märkten, vom unbegrenzten Wachstum und von der zauberhaften Wohlstandsvermehrung so in uns aufgesogen, dass wir gar nicht merkten, wie sehr sich die Illusion und die Wirklichkeit auseinanderbewegten. Jetzt fühlen wir uns von Wolke sieben verstoßen und mit Problemen konfrontiert, die wir nicht sehen wollten. Zudem haben sich die Schönredner inzwischen in ihre Büros zurückgezogen und uns mit den Aufräumungsarbeiten allein gelassen.

Die Ökonomisierung aller Lebensbereiche, alles muss sich rechnen, hat sich voll durchgesetzt. Die Menschen verlieren alles Menschliche und verschwinden als berechenbares Humankapital in der Kalkulationsmasse. Alles hat schneller, kostengünstiger, flexibler und angepasster zu passieren.

Schneller lernen und studieren zum Wohle von wem? Länger arbeiten und kostengünstiger erzeugen, flexibel und widerspruchslos das annehmen, was angeboten wird zum Wohle von wem? Wenn der Mittelstand, also die große Masse in unseren Wohlstandsländern, seit etwa zehn Jahren nachweislich an Realeinkommen verliert, dann muss es irgendwo anders Gewinner geben, die diesen Mehrwert an Plagerei von Einsparungen und Anpassungen abkassieren. Das ackert Furchen in die Psyche.

Irgendwie spürt die Mehrzahl, dass es so nicht weitergehen wird und wohl auch nicht kann, dass es Grenzen braucht, die uns allen wieder bewusst werden müssen. Dass demokratische Politik wieder das Primat der Entscheidungen haben muss und nicht die Vorstandsetagen der Großkonzerne. In den Jahren der Deregulierungen sind zu viele verräterische Begriffe wieder freigekommen, die als sicher verwahrt galten. Plötzlich sind sie wieder unter uns, die Finanzhaie, die unsichtbare Hand des Marktes, die abgehobenen Eliten, die Selbstregulierungskräfte des Marktes, die Ohnmachtsgefühle, die Geister der Finanzindustrie, die Inflation und die Deflation. Allesamt Schlagwörter des täglichen medialen Getöses, aber allesamt historisch vorbelastet. Das gibt diesen Begriffen eine enorme Bedeutungsschwere, weil damit unangenehme geschichtliche Erfahrungen und böse Vorahnungen verknüpft werden.

Daraus speist sich die Frage, wie viel ist genug, oder anders gefragt, wie viel Ungemach führt zu notwendigen Veränderungen?

Die Qual der Wahl

Die Qual der Wahl gehört mit zu den schlimmen Geistern unserer Zeit. Dieses Überangebot an Gebotenem. Diese verdammt große Auswahl mit dem ständigen Zwang, sich zu entscheiden. Diese langen, überbordenden Regale mit den unterschiedlichen Zahnpasten in den Supermärkten. Den großen Lagerhallen ähnlichen Verkaufstempeln von Fernsehern und Computern mit ihren nicht verständlichen technischen Kürzeln. Wie soll man sich da zurechtfinden und Entscheidungen treffen, ohne Fehler zu machen? Bei diesem enormen Angebotsüberschuss ist die Fehlerquote vorprogrammiert. Eine ständige Quelle von Unzufriedenheit als logische Folge sozusagen. Irgendetwas ist immer besser als die eigene Wahl. Und wenn es nur das Auto des Nachbarn ist.

Eine weitere Geißel der Erfolgsmenschen ist die Ruhelosigkeit. Der Erfolg muss jeden Tag neu erarbeitet werden. Er gestattet den damit Beglückten keine Pause. Die Betroffenen können nur noch umschalten, aber nicht mehr abschalten. Ruhe zu geben, nichts zu tun ist in der Erfolgsgeneration kein Programmpunkt. Wer Ruhe gibt, muss tot sein. Wer sich nicht auf allen Events (früher Veranstaltungen genannt) sehen lässt, ist kein Netzwerker und daher selber schuld, wenn seine Karriere nicht klappt. Keine Zeit zu haben gehört zum guten Stil. Wer immer Zeit hat, ist suspekt. Wer Bedeutung hat, hat keine Zeit. Die ständige Aufgeregtheit wird zum Gütesiegel der Erfolgreichen hochstilisiert. Eine weitere Wortzüchtung mit gesellschaftlicher Rangbedeutung ist „Professionalität". Es ist ein unser Leben begleitendes Hauptwort. Ein Begriff, der schmeichelt und Kompetenz zuordnet. Den Profi erwartet schließlich Profit in Form von Geld und Anerkennung. Deshalb wollen alle Profi sein. Überall. Im Beruf genauso, wie in der berufsfreien Zeit. Viele haben ihre Hobbys so professionalisiert, dass sie alle Attribute von Arbeit erfüllen, wie Arbeitsrechtler feststellen. Daraus schließen wir: Wer profimäßig jobbt, hat Kompetenz und ist bedeutend. Wer bedeutend ist, hat keine Zeit, dafür aber Geld und damit viel Qual mit der Wahl.

Die alternative Kausalkette wäre: weniger Arbeit, weniger Bedeutung, weniger Geld, weniger Qual der Wahl, dafür mehr Zeit und mehr Ruhe. Aber auch diese Grundsatzentscheidung ist eine verdammte Qual.

74

Volles Nest oder leeres Nest?

Der überwiegenden Mehrheit der Menschen in unseren Wohlstandsländern geht es materiell so gut wie noch nie. Sie sind finanziell ausgestattet wie noch nie, sie haben so viel Freizeit wie noch nie, sie wohnen in tollen Häusern wie noch nie, sie reisen so viel wie noch nie, sie sind so gut ausgebildet wie noch nie. Wo bleibt die Freude darüber? Wo die selbsteingestandene Dankbarkeit für das Erreichte?

Trotz allem was sie haben, ist den so Privilegierten die Zufriedenheit darüber nicht anzusehen. Sie jauchzen nicht und es ist ihnen anscheinend nicht bewusst, wie märchenhaft gut es ihnen geht. Ist das nicht sonderbar? Trotz des Wohlhabens zeigen sie so wenig Freude und sind offenbar nicht im Stande, sich ihres Wohlergehens entsprechend zu erfreuen. Warum sind wir nicht fähig, unsere Freude darüber zu zeigen wie die Kinder, ohne Überheblichkeit, nur entspannte, ehrliche Freude über das Geschaffte. Ist es, weil rundherum alles so wichtig ist, weil der Konkurrenzkampf nie aufhört und weil weiter alle mit der Wohlstandsvermehrung so beschäftigt sind? Diesbezüglich geht es dem modernen Menschen ähnlich wie einer Henne in einer Legebatterie. Ein gewöhnliches, normales Bauernhofhuhn legt nur so viele Eier wie es braucht, bis sein Nest voll ist. Dann setzt sich die Henne instinktsicher auf die Eier im Nest und brütet sie aus. Sie bebrütet die Eier, bis kleine, wusselige Kücken schlüpfen und so die Erhaltung ihrer eigenen Art – die wichtigste Lebensaufgabe aller Lebewesen inklusive des Menschen – gesichert ist.

In einem Legebetrieb rollen die von der Henne gelegten Eier hingegen automatisch auf ein Förderband und werden abtransportiert. Die Legehenne strengt sich an und legt Ei um Ei in der Hoffnung, dass sich das Nest schon füllen wird. Aber trotz aller Anstrengungen bekommt sie ihr Nest nie voll. Die Henne in der Legebatterie legt ihre Eier in der Illusion, irgendwann ihr Nest voll zu bekommen, ohne zu bemerken, dass es da kein Nest gibt, das voll werden kann, sondern nur ein Eier-Transportband. So kann sie die Früchte ihres Fleißes nie genießen. Wie ist das bei dir? Genießt du schon die Früchte deiner Arbeit oder legst du noch immer Eier in ein Nest, das nicht voll werden will?

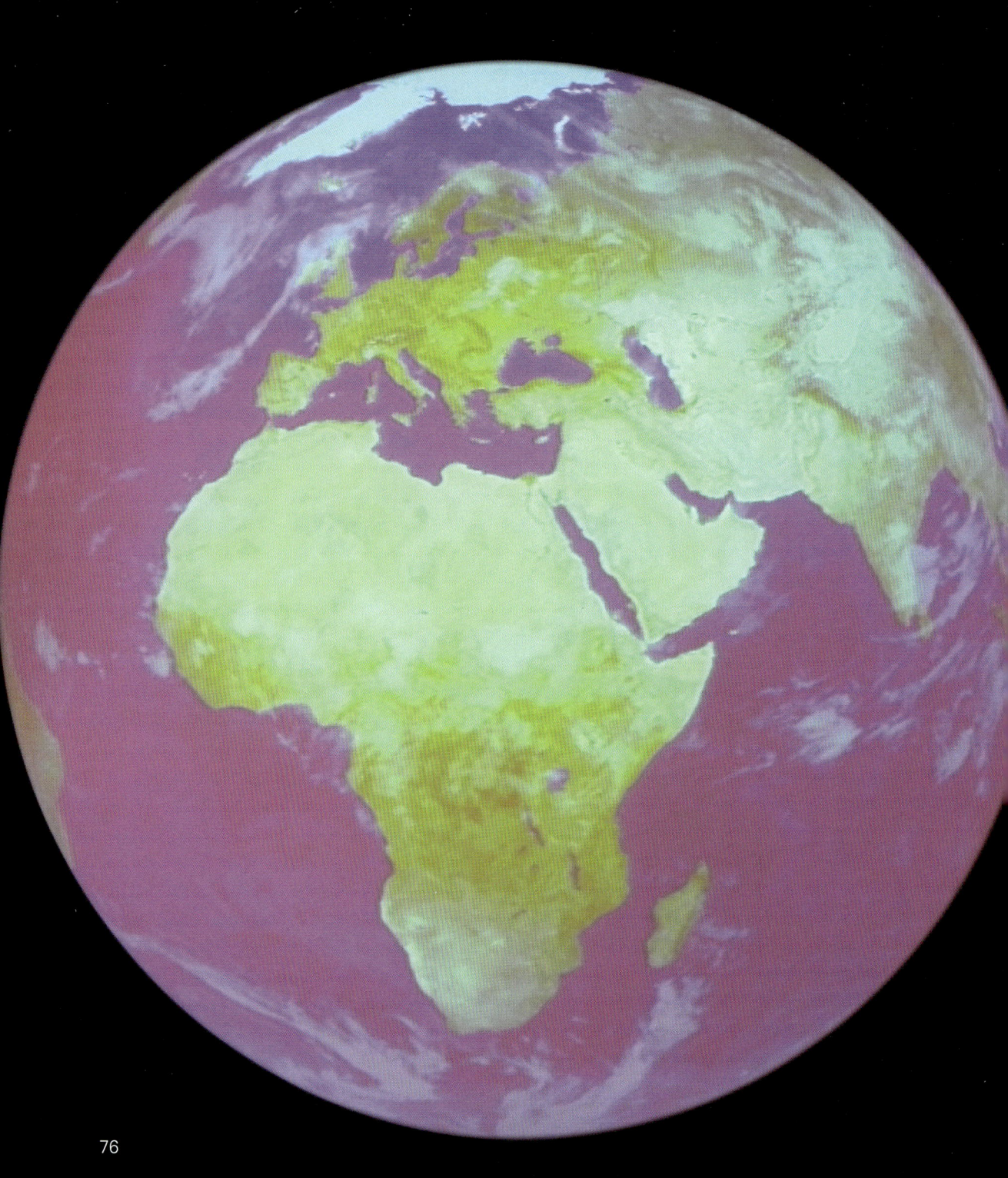

Das Leben lässt sich nicht berechnen

Die relative Sicherheit von heute ist keine dauerhafte Sicherheit für morgen. Morgen schon kann alles anders sein. Der Vielfraß Mensch hat immer Hunger nach Billigem. Nach billigem Erdöl, nach billigem Tropenholz, nach billigem Palmöl, nach billigem Atomstrom, nach billiger Energie vom Acker. Für einen kurzfristigen finanziellen Vorteil nimmt der Vielfraß Mensch fast alles in Kauf. Langfristigkeit und Nachhaltigkeit zählen wenig. Das ganze Leben zum Dumpingpreis. Alles in der Hoffnung, dass die nach uns die Zeche bezahlen.

Aber im Leben gibt es nichts geschenkt. Das wissen wir alle. Irgendwann kommt der Zahltag. Die großen ökologischen, wirtschaftlichen und psychischen Katastrophen der Welt zeigen uns dazu ein deutliches Bild. Das Leben ist keine Rechenaufgabe und bei Weitem nicht alles lässt sich berechnen und schon gar nicht im Voraus berechnen, wie uns der Vielfraß immer glauben machen möchte. Keiner von uns ist ausrechenbar, genauso wenig wie die Vorgänge in der Natur. Zu wenig im Leben verläuft linear. Die größten Veränderungen verlaufen exponentiell, unvorhersehbar und nicht vorausberechenbar.

Mit seiner Behauptung, alles sei berechenbar, will uns der Vielfraß nur in Sicherheit wiegen. Für Vernunftwesen – und der Mensch ist angeblich ein solches – ist und bleibt es nach wie vor ein Rätsel, warum sich die Menschen nicht als jene planetarische gemeinsame Schicksalsgemeinschaft sehen, die sie in einer globalisierten Welt tatsächlich sind. Noch immer stehen einem solchen Denken zu viel Nationalistisches, Patriotisches und Ständisches entgegen. Noch immer lässt sich mit dem Ausspielen der Völker untereinander mehr Geld verdienen als mit geeinten Völkern und einer gemeinsamen Vorgehensweise. „Teile und herrsche" gilt auch heute noch, wie eh und je. Das ist mit ein Grund, warum die großen gemeinsamen Probleme nicht gelöst werden.

Die „anderen", die sind so weit weg. Das ist eine andere Welt und die geht uns nichts an und mit der wollen wir auch nichts zu tun haben. Und das in einer Zeit, wo jeder von uns den von sich aus entferntesten Winkel der Welt innerhalb von 30 Stunden erreichen kann. Wo jeder in 80 Stunden um den Globus jettet, wenn er will. Und uns bewusst sein sollte, dass wir nur diesen einzigen Globus haben und dass das Netz unseres gemeinsamen Schicksals, technisch und ökonomisch, täglich enger geknüpft wird.

Ist das vernunftbegabt? Die Gier lähmt auch das Denken.

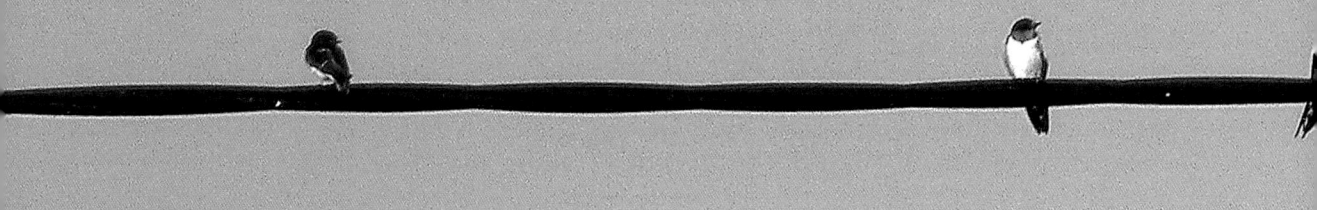

Der Wert der Dinge

Den Wert der Dinge erkennen wir meist erst dann, wenn uns eine bis dahin selbstverständlich erscheinende Gegebenheit abhandengekommen ist. Erst im Rückblick erkennen wir, welchen Wert etwas für uns hatte.

So ist das auch mit dem Wert der gesicherten Lebensmittelversorgung, des täglich vollen Tellers oder dem Leben in einer gepflegten Landschaft. Alles Selbstverständlichkeiten und scheinbar ohne besonderen Wert.

Falls du nie Hunger gespürt hast, nie um ein Stück Brot betteln musstest, nie Angst zu haben brauchtest, ob dein Magen auch morgen etwas Essbares bekommt, gehörst du nicht zu den Tausend Millionen Menschen, die das täglich erleiden.

Daraus ist dir kein Vorwurf zu machen. Du solltest dir dessen nur bewusst sein.

Du lebst auf der Butterseite. Und du solltest dir zu diesem wertvollen Geschenk täglich gratulieren. Ich bin noch aufgewachsen in einer Zeit, in der man mit Lebensmitteln äußerst sorgsam umgegangen ist. Jede Prise Zucker, jeder Krümel Brot, jedes noch so kleine Stück Fleisch war kostbar. Nichts wurde verschwendet.

Der Anschnitt eines frisch gebackenen Brotlaibes am Tisch war eine eigene Zeremonie und jedes Brösel auf der Tischplatte wurde mit der Hand zusammengewischt und gegessen. Das geschah nicht aus Hunger, sondern aus Respekt und Wertschätzung. Meine Eltern und Großeltern wussten noch aus eigener Erfahrung, wie viele Handgriffe getan, wie viele Schritte gesetzt und wie viel Schweiß vergossen werden mussten, bis ein Laib Brot am Tisch lag. Daran hat sich bis heute nichts geändert.

Respekt und Wertschätzung kann man lernen.

Der globale Tisch

Um den globalen Tisch sitzen mittlerweile 7 Milliarden Menschen. Es ist ein ziemliches Gedränge, denn der Tisch wird nicht größer, es sitzen nur mehr Gäste drumherum.

Stell dir vor, beim heutigen Frühstück nimmst du als ein Vertreter der Weißen am globalen Tisch Platz, an dem 10 Personen die Hautfarben der Menschen auf diesem Planeten repräsentieren. Dann sitzen neben dir noch 2 weitere Weiße, also insgesamt 3, und 7 Nichtweiße.

Am globalen Mittagstisch, an dem 10 Personen die Kontinente darstellen,

repräsentierst du als einziger Europa. Neben dir sitzen 3 Personen für die Völker Nord- und Südamerikas, Afrikas und Australiens (Ozeanien). Die Mehrheit der Tischgesellschaft bilden die 6 Vertreter Asiens.

Und solltest du am Abend noch Lust und Zeit haben, auf dem globalen Zehnertisch der Wohlhabenden und „Habenichtse" als Vertreter der Wohlstandsgesellschaft Platz zu nehmen, also jener, die ausreichend zu essen, ein ordentliches Dach über dem Kopf haben und ein richtiges Bett ihr eigen nennen, wird neben dir nur noch ein Einziger mit demselben Status sitzen. Dir gegenüber werden aber jene 8 Weltbürger drängen, die kein festes Dach und kein eigenes Bett ihr eigen nennen [5].

Wie lange kann das gut gehen, wenn wir uns weiter als Rivalen begreifen und nicht als Gleichberechtigte im selben Boot?

Die Lust des Bauches

Viele Jahre lang galt ein großer Bauch als ein wichtiges Wohlstandskennzeichen. Endlich wieder genug zu essen. Der Bauch hat schließlich immer Hunger oder einen Gusto oder auch nur Langeweile und schreit ständig nach Essbarem. So gesehen kann der Kerl ganz schön lästig werden.

Der Bauch ist das Zwischenlager für alles, was wir essen und trinken. Etwa 30 Tonnen Nahrungsmittel futtern wir bis zum Ende unserer Tage und lagern sie kurzzeitig in unserem Bauch. Das führt manchmal zu Überladungen, zu Ausdehnungen und in weiterer Folge zu dauerhaften Umfangserweiterungen. Deshalb ranken sich um den Bauch auch viele Geschichten, wie zum Beispiel die Bezeichnung des Bauches als „Backhendelfriedhof" oder der Spruch „Ein schöner Bauch tut es auch" oder „Bauch macht Ansehen und Ansehen macht Bürgermeister".

Aber wozu brauchen wir heute im Zeitalter der Kühlschränke noch Bäuche? In den Wohlstandsländern wird alles in Gefrierschränken gelagert und nicht im Bauch. Eine Tatsache, die die Evolution bis jetzt übersehen hat. Aber ein schöner Bauch tuts auch.

Schließlich kennt der Bauch viele Formen und er ist nicht geizig, alles, was er selbst nicht braucht, gibt er weiter und lagert es in rundlichen Fettdepots. Aber diese Art von Wohlstandspolstern zeigen wir nicht gerne. Wir gieren nach den Figuren der Models. Erfolgreiche Menschen, wird uns gezeigt, haben erfolgreiche Körper.

83

Sex und Essen

Mit Ausnahme von Sex hat kaum etwas anderes mehr Bedeutung für uns als Essen und Trinken. Davon hängen unser Leben und unser Wohlergehen ab. Wer schon einmal an einem letzten Werktag vor zwei aufeinanderfolgenden Feiertagen Lebensmittel eingekauft hat, weiß, was ich meine. Es vermittelt den Anschein, als stünde eine Hungerkatastrophe größeren Ausmaßes vor der Tür.

Dreimal pro Tag müssen wir unserem Körper Energie in Form von Nahrung zuführen. Und alles, was sich in diesen Lebensmitteln befindet, beeinflusst unseren Körper, positiv oder negativ, sofort oder erst später. Die Anzahl und die Qualität der Lebensmittel entscheiden über Leben oder Tod. Da wir heute nicht mehr Selbstversorger sind und uns unser Essen und Trinken nicht selbst herstellen, sind wir gezwungen, jenen, die es für uns tun, Vertrauen entgegenzubringen. Die Kette der Verantwortungsträger für unser Essen ist lang und oft schwer durchschaubar. Die Bauern liefern die Grundkomponenten und die Lebensmittelindustrie verarbeitet diese dann weiter. Unsere Art des Kochens – frisches, halbfertiges oder Fertiggerichte – entscheidet, wie hoch der Anteil der Bauern oder der der Lebensmittelindustrie auf unseren Tellern ist.

Was wir einkaufen und bereit sind, dafür zu bezahlen, ist ausschlaggebend dafür, wo die großen Handelsketten und Disconter ihre Ware ordern. Das wiederum beeinflusst,

was die Bauern anbauen. Der Preis, den wir bezahlen, entscheidet in weiterer Folge, wie viele Bauern gezwungen sind aufzugeben und wie viele agrarische Großbetriebe das Kommando übernehmen. Das wieder ist direkt abzulesen am Aussehen unserer Landschaft – monotone Monokulturen oder fein gegliederte bäuerliche Kulturlandschaft. Essen wächst schließlich nur auf Feldern. So hängt von unserer Essensentscheidung viel mehr ab, als wir gemeinhin annehmen. Das ist mit der Hauptgrund, warum dem Essen und den Bauern in diesem Buch viel Platz gegeben wird. Es braucht eine Wahrnehmung dafür, was unsere Euros fürs Essen bewirken. Immerhin braucht jeder von uns zum Überleben 1100 Mahlzeiten pro Jahr. Für alle Österreicher zusammen sind das 9 Milliarden Mahlzeiten mit enormen Auswirkungen auf unser Lebensumfeld. Bei einem angenommenen Durchschnittsaufwand von 3 Euro pro Mahlzeit sprechen wir von einem jährlichen Volumen von 27 Milliarden Euro, die auf diese Art bewegt werden.

Drei freie Tage hintereinander, an denen die Lebensmittelläden geschlossen halten, genügen, um die Urangst vorm Verhungern anzukurbeln und die Einkaufswut ins Absurde zu steigern. Ähnliches passiert beim Sturm aufs Buffet. In beiden Fällen bekommt man eine Ahnung davon, welche existenzielle Bedeutung Essen für uns hat und wie ungeniert sich die Gier entblößt.

Für Sex und Essen wird, wenn notwendig, auch jede Menge an krimineller Energie mobilisiert, um an beides zu kommen. Die Gier nach beiden ist groß.

Sturm auf die Festung der Satten

Hunger, echter Hunger, der kommt und nichts ist da, was ihn besänftigt, und dableibt, sich einnistet – heute, morgen und übermorgen –, dieser echte Hunger ist uns verwöhnten Wohlstandsbürgern nicht bekannt. Wir sind täglich so satt, dass wir keine Ahnung mehr davon haben, was Hunger alles kann. Wir haben nicht den Funken einer Vorstellung davon, was es heißt, nichts zu essen zu haben, Muskelmasse an den Hunger zu verlieren, den Blutzuckerspiegel unter 30 Milligramm je 100 Milliliter herunterzufahren, dabei verwirrt zu werden, weil das Gehirn nicht mehr richtig arbeiten kann, dabei schreckliche Angst zu haben und je nach Körperreserven nach einem oder sechs Monaten zu sterben.

Rund 1 Milliarde Menschen leben in diesem Zustand.

Und wir sind so satt und so gierig, dass wir täglich mehr auf den Teller laden, als wir essen können, und, ohne einen Gedanken daran zu verschwenden, die Hälfte davon wieder wegwerfen.

Bodenverlust für die Lebensmittelproduktion bei gleichzeitiger Bevölkerungsexplosion ist ein gefährliches Gemisch.

Es lässt die große Mehrheit der Menschen in unseren Breiten nur deshalb ruhig schlafen, weil es auch in der Vergangenheit gelungen ist, trotz dieser Widersprüchlichkeit Wohlstand mit vollen Tellern zu erzeugen.

Die Situation hat sich mit den Jahren allerdings geändert, wie der tägliche Sturm auf die reiche Festung Europa durch Menschen aus armen Ländern zeigt.

Wir können auf Dauer nicht damit rechnen, dass die armen Völker in ihren überfüllten Wellblechhütten friedlich den Reichen und Satten via Satellitenfernsehen und Internet beim Schlemmen zusehen. Sie werden ihren Anteil daran einfordern.

Preiskampf

Kämpfe hinterlassen Ruinen. Wie jeder Kampf kennt auch der Preiskampf augenblickliche Sieger und Verlierer. Aber wie bei anderen Kriegen auch, will man aus der momentanen IST-Situation aus taktischen und politischen Gründen nicht die langfristigen Auswirkungen auf Gesellschaft und Umwelt sehen. Der Preiskampf tobt an mehreren Fronten: zwischen den Handelsketten, zwischen Handelsketten und Diskontern, innerhalb der Diskonter und zwischen den Einkäufern und Erzeugern. Zusätzlich angetrieben werden diese Preiskämpfe vom Umstand, dass es zu viel Handelsfläche gibt. Es besteht eine Überkapazität an Regalflächen. Was wiederum bedeutet, dass die Regale voll sein müssen und das Geschäft bei niedrigen Spannen über die Masse läuft. Das erhöht den Preisdruck auf die Erzeuger zusätzlich. Profiteure dieses Systems sind vorerst die Konsumenten, sie zahlen günstige Preise. Langfristig hat das drei negative Auswirkungen:

1. Es stärkt die Massentierhaltung, die Monokulturen und die Erzeugung von beliebig herstellbarer Massenware.

2. Dieses System gewöhnt die Konsumenten an niedrige Preise und macht es schwer, sie dazu zu bewegen, den tatsächlichen Wert zu bezahlen.

3. Viele kleinere und mittlere Erzeuger und Händler werden aufgeben, was die zukünftige Gefahr von kartellartigen Strukturen begünstigt.

Auf der Verliererseite befinden sich die überschaubaren Einheiten.

Der Preisdruck ist so enorm, dass die Ortskerne geschäftlich aussterben und dass immer mehr Bauern, die auch für eine gepflegte Landschaft gesorgt haben, das Handtuch werfen. Die kleineren und mittleren Betriebe verdünnen sich in allen Branchen. Den Handelsgiganten folgen die Agrarfabriken, den Nahversorgern die Einkaufszentren. Generell ruinieren diese Preiskämpfe der Handelsriesen die Wertschätzung von Lebensmitteln und vermitteln das Bild, dass alles beliebig austauschbar und ersetzbar ist, dass von allem genug da ist und es im Grunde keinen besonderen WERT hat.

Das wird so lange so gehen, bis uns die Realität das Gegenteil beweisen wird.

Billig und wertlos?

Die Lebensmittelpreise sind in den vergangenen 50 Jahren um 50 Prozent gesunken. Hinter all den großen agrarökonomischen Erfolgen steht natürlich auch die Absicht, die Lebensmittelpreise niedrig zu halten. Dazu kommt der Druck der Einkäufer, was dazu führt, dass die Produzentenpreise seit Jahrzehnten stagnieren oder in vielen Sparten sogar gefallen sind. Noch zu Beginn der 1960er-Jahre, als die Beatles und die Rolling Stones die Weltbühne betraten, brauchte eine Familie fast die Hälfte ihres Einkommens für den Einkauf von Lebensmitteln. Heute sind es rund 11 % in Deutschland und Österreich. Im Durchschnitt aller OECD-Länder sind es knapp 16 % des Einkommens, die für Nahrungsmittel ausgegeben werden.

Billig kommt beim Verbraucher gut an. Das bringt den Diskontern jährlich zweistellige Zuwachsraten. Auch bei Konsumentenbefragungen antworten meist zwei Drittel der Befragten auf die Frage, was ihnen beim Kauf von Lebensmitteln am Wichtigsten sei, mit „der Preis". Damit stärkt man – im Gegensatz zu allen anders lautenden Beteuerungen – die Massentierhaltung und die Gentechnik. Hauptsache, es ist billig und macht satt.

Es gab eine Zeit, da war alles, das zum Leben diente, kostbar. Jeder Bissen Brot, jeder Krümel Kuchen, jedes Stäubchen Kaffee, jede Prise Salz, alles war wertvoll. Nichts

wurde verschwendet, nichts verschüttet und schon absolut nichts weggeworfen. In Zeiten der Knappheit, die auch meist Zeiten des Hungers sind, kommt die volle Bedeutung des Begriffes Lebensmittel zum Tragen, als unbedingt notwendiges Mittel zum Leben, als Überlebensmittel. Darum wird mit jedem Krümel äußerst achtsam umgegangen und absolut nichts vergeudet, weil man um seinen Wert weiß und überleben will.

In Zeiten des Überflusses, der überzogenen Hygieneverordnungen, des raschen Ablaufdatums wird das Wegwerfen von Lebensmitteln zum Pflichtprogramm verordnet, um den Umsatz in Schwung zu halten.

Weggeworfen wird, was einem nicht schmeckt, worauf man keinen Gusto hat, was zu viel eingekauft wurde oder weil es nicht mehr der Ernährungsmode entspricht.

Weg wirft man nur, was wertlos ist. Wegwerfen ist eine ABWERTUNG und macht Lebensmittel zum Wegwerfartikel ohne Wertschätzung. Das sind keine guten Signale, weil sie zu falschen Denk- und Handlungsweisen führen.

Volle Lebensmittelregale sind keine Selbstverständlichkeit.

Leere Lebensmittelregale will sich bloß keiner vorstellen.

Jeder Körper ein eigener Markt

Landwirtschaft sei ein leichtes Gewerbe, meinen manche. Du baust etwas an, es wächst, du erntest es und tausend hungrige Mäuler warten schon darauf. Jeder Körper ein eigener Markt, dreimal am Tag. Zum Frühstück, zu Mittag und jeden Abend. Überall, wo Menschen sind, wird gegessen und das gleich dreimal am Tag, welch herrliche Zeiten für die Lebensmittelverkäufer.

Die Wirklichkeit am Markt ist aber eine andere.

Es stimmt, alle sind wir täglich wieder aufs Neue hungrig und viele von uns Wohlstandsbürgern futtern zu viel und werden rund und wohlgenährt. Aber was wir Hunger nennen, ist in den meisten Fällen nur Gusto. Das macht uns verführbar für Leckereien. Vieles essen wir zwischendurch, gedankenlos und abgelenkt.

Wir können nicht mehr wertschätzen, was wir essen, und gieren deshalb nach Sonderangeboten, nach dem größten Stück mit dem kleinsten Preis oder dem Besonderen, dem Ausgefallenen.

Vom Acker zum Supermarkt lauern die Einkäufer der großen Handelsketten und Lebensmittelkonzerne. Sie bestimmen den Preis, das Sortiment, die Anbaumethoden und die Art der Tierhaltung. Das macht das Verkaufen von Lebensmitteln zu gerechten Produzentenpreisen für die Erzeuger so schwer.

Jeder Körper ist tatsächlich ein eigener Markt, aber jeder will es zum billigsten Preis.

Essen ist Vertrauenssache. „Was der Bauer nicht kennt, isst er nicht", heißt es. Wir wollen zu Recht wissen, was wir essen und wir sollten wissen, woher das Essen kommt und wie es hergestellt wurde.

Auch wollen wir Informationen darüber, ob Geschmacksverstärker, Konservierungsmittel oder andere Rückstände in unseren Mitteln zum Leben sind.

Auf manchen Lebensmittelpackungen sind die Inhaltsangaben so lang, wie die Adressen im Telefonbuch eines mittleren Ortes. Dadurch steigen das Misstrauen und die Unsicherheit darüber, was wir denn da wirklich essen. Das meiste von dem liegt außerhalb des Verantwortungsbereichs der Bauern. Sie müssen in der Erzeugung alles genau dokumentieren und staatliche Stellen führen darüber Buch. Jedes Schnitzerl, jedes Ei und jeder Apfel ist rückverfolgbar bis zu seinem Hersteller. Das schafft Vertrauen.

Aber sehr vieles wird industriell weiterverarbeitet, angereichert, vermischt und neu kombiniert.

Plötzlich essen wir etwas, von dem wir nicht mehr wissen, woher der Inhalt kommt und wie es produziert wurde. Was uns bleibt, ist eine lange Liste von Inhaltsstoffen und das Eingeständnis, es hat geschmeckt oder nicht.

Geschmacksverwirrung durch künstliche Geschmacksprägung nicht ausgeschlossen.

Die Märkte wollen billig erzeugte, genormte Massenware.

Agrarfabriken, industrielle Landwirtschaft, Massentierhaltung sind Begriffe dafür, dass die industrielle Produktion, also die gesteuerten Fertigungsabläufe von der Rohstoffbesorgung bis zum fertigen Produkt, auch in der Landwirtschaft zunehmend Anwendung finden.

Damit das agrarisch Sinn macht, bedarf es entsprechend großer Flächen, großer Ställe und eines relativ einfach herstellbaren Massenproduktes. Ab welcher Größeneinheit industrielle Landwirtschaft beginnt, darüber streiten die Experten.

Da die Landwirtschaft aber keine Fahrräder erzeugt, sondern Lebensmittel für unser tägliches Essen, sind Massenprodukte in diesem Bereich kritisch zu hinterfragen. Dabei ist es zweitrangig, ob sie biologisch oder konventionell hergestellt werden.

Kritisch, wie bei anderen industriellen Abläufen, sind auch ethische Fragen zu stellen: „Wie viel Tierleid wird in Kauf genommen?", „Welche Tierhaltungsformen werden angewandt?", „Darf man Antibiotika bedenkenlos einsetzen?", „Wie viel Bodenzerstörung durch einseitige Monokulturen ist verkraftbar?", „Wie viel Grundwasserverschmutzung durch Überdüngung kann toleriert werden?", „Wie viel Bienensterben durch Pestizide ist auf Dauer tragbar?"

Die Landwirtschaft arbeitet mit lebenden Geschöpfen in freier Natur, wo alles fein aufeinander abgestimmt ist und schnell alles aus dem Lot gebracht werden kann. Die Landwirtschaft stellt die tägliche Lebensgrundlage für uns Menschen dar. Das macht sie zu einem Sonderfall. Landwirtschaft und Industrie sind wie Tag und Nacht.

Da die Arbeit unter freiem Himmel mit lebenden Kreaturen, abhängig von Wetter und Klima, dort die abgeschottete Fabrikhalle und Fertigung an toter Materie.

Wir Menschen stehen am Ende der Nahrungskette, daher kommen auch alle Fehler und Sauereien, die vorher passieren, auf unseren Tisch. Deshalb ist es von entscheidender Bedeutung, dass wir nicht alle zusammen – Bauern wie Konsumenten – von Einseitigkeits-rationalisierern und Gewinnmaximierern an den Rand gedrängt werden. Die Nahrungsmittelindustrie darf alles in unsere Lebensmittel mischen, was nicht eindeutig verboten ist. Das ist ziemlich viel und lässt unzählbare Kombinationen zu. Produkte wie Kunstkäse, der nie eine Milch gesehen hat, oder Säfte, die aus 95 % Zuckerwasser und Geschmacksverstärker komponiert sind, oder Vanillejoghurt, wo die Vanille aus dem Labor kommt, oder Schummelschinken für Toasts und Pizza, der aus unterschiedlichen Fleischstücken gepresst wird und dessen Fleisch nie mit dem Schinken eines Schweines in Berührung kam. Auch hier bedarf es einer eindeutigen Kennzeichnung, um zwischen Natur und Künstlichkeit, um zwischen Labor und Acker, zwischen Nahrungs- und Lebensmitteln unterscheiden zu können. Vieles, was uns satt macht, ist nur Futter.

Wie viel ist genug?

Selbstbeschränkung und Nachgeben gelten als Zeichen von Schwäche

Wie viel ist genug und wie soll ich das wissen

Zugegeben, der Wohlstand macht uns verführbar. Wir erwarten viel und wollen alles. Zudem ist da die Urangst, abgedrängt zu werden. Selbstbeschränkung und Nachgeben gelten als Zeichen von Schwäche. Die Starken hingegen setzen sich durch. Wir wollen nicht zu den Schwachen gehören. Das Haben und das Noch-mehr-Habenwollen üben daher, auch vor diesem Hintergrund, einen starken Reiz auf uns aus.

Vor allem wollen wir alles, was die anderen auch haben, und wenn möglich, noch ein Stückchen mehr. Wir sind immerhin wir und ein kleiner Unterschied sollte sein. So wissen wir ziemlich genau, was wir wollen, aber wir wissen nicht, wie viel wir davon wollen sollen. Schließlich will niemand abgehängt werden und hinten bleiben. Auch wir nicht.

In einer Leistungsgesellschaft müssen die Früchte der Leistung nach außen sichtbar sein. Wie sollen wir unseren Erfolg herzeigen und gleichzeitig wissen, wie viel genug ist? Wo ist die Grenze und wer hilft uns, sie zu finden? Kann es für eine Gesellschaft in der Werte und Moral eher als sentimentale Hindernisse für die persönliche Karriere betrachtet werden, denn als Richtschnur für ein zufriedenes Leben, überhaupt Grenzen geben? Auf diese Fragen gibt es keine gesellschaftlichen Antworten, erwartet aber, dass jeder sie kennt.

Also Habgier ist unsere Sache nicht. Gott bewahre. Aber zu kurz kommen wollen wir auch nicht. Dazwischen pendeln wir und suchen die Balance. An diesem Punkt versagen unsere einst eingelernten Standardformeln total, weil es kein absolut Richtig und kein garantiert Falsch mehr zu geben scheint. Daher sehnen wir uns nach so etwas wie einem universellen Ratgeber, der uns flüstert, wie viel genug ist, und uns, wenn notwendig, auch zuruft: Lass deinen EhrGEIZ nicht mit dir durchgehen, zügle ihn, bevor er mit dir dorthin reitet, wo du nie hin wolltest. Schau auf dich und bedenke: Nur eine Sonne bräunt dich. Nur ein Mond begleitet dich am Abend und nur ein Himmel wölbt sich über dir. Trotzdem reicht es für alle. Sei dir bewusst, das Einzige, was wirklich dir gehört, ist dein Leben. Es ist dein einziger und einmaliger Versuch. Geh sorgsam und bewusst damit um.

Es gehörte wohl mit zu einer Art menschlicher Standortbestimmung, sich in regelmäßigen Abständen selbstdiszipinierend die Frage zu stellen: „Wie viel ist genug? Das beschleunigt den Bewusstmachungsprozess über die eigenen Überschüsse und macht gleichzeitig deutlich, wie viel wir tatsächlich haben, was wir nicht brauchen. Andererseits führte es möglicherweise zu einem wohligen Wohlstandsgruseln, wie viel wir uns an Werbeversprechungen aufschwatzen ließen, obschon wir öffentlich immer behaupten, es uns nicht leisten zu können.

Als positiven Nebeneffekt – gleichsam als Abfallprodukt – eines solchen Selbstchecks könnte sich da und dort Zufriedenheit einnisten über das eigene Leistungsvermögen mit dem Vorsatz, in Zukunft die eigenen Handlungen öfter und strenger zu hinterfragen: Wie viel ist genug?

Wie viel Sorten Eis im Kühlschrank?

Wie viel Arten Joghurt zum Frühstück sind genug?

Wie viele Klingeltöne fürs Handy?

Wie viele Fernsehprogramme zum Einschlafen sind genug?

Wie viel Arbeit?

Wie viel Wohlstand?

Wie viel Nichts ist genug? Oder ist nichts genug?

Darauf die richtigen Antworten zu finden, fällt uns zunehmend schwerer.

Die ersten und wichtigsten Fragen, die sich jeder beantworten muss, heißen daher:

Was ist mir wichtig?

Was ist mir wertvoll?

Was hat meine Wertschätzung?

Erst wenn wir darauf Antworten haben, können wir darangehen, unser Leben so zu gestalten, dass wir uns selbst darin wiederfinden und sich unsere Handschrift in unserem Sein widerspiegelt.

Dazu bedarf es des Wollens, des Mutes, des gelegentlichen Irrtums und der Mühe des Hinterfragens. Das bequeme Zufallsprinzip der einfachen, oberflächlichen Beliebigkeit, des ständigen „more of the same" braucht den anstrengenden Gegensatz der gewollten Vielfallt. Nur so kann ein selbstbestimmtes Leben gelingen, das in seiner Vollendung als zufriedenes und geglücktes Leben empfunden wird.

Wie viele Verpflichtungen?

„Sorget euch nicht um euer Leben, was ihr essen werdet, noch um euren Leib, was ihr anziehen werdet. ... Schaut auf die Vögel des Himmels: sie säen nicht, sie ernten nicht und sammeln nicht in Scheunen. ... Betrachtet die Lilien auf dem Felde, wie sie wachsen: sie arbeiten nicht und spinnen nicht. ... Wer aber von euch vermag mit seinen Sorgen seiner Lebenslänge eine einzige Elle hinzuzufügen?
Sorget euch also nicht um den morgigen Tag, denn der morgige Tag wird für sich selber sorgen.“ (Matthäus 6, 25-34)

War Mathäus, als er das schrieb, ein Weiser oder ein ökonomischer Träumer? Das Leben mit weniger Sorgen über das Morgen und das Zukünftige zu belasten ist schon eine erste Antwort auf die Frage, wie viel genug ist. Die eigenen Grenzen zu erforschen, gehört mit zu den großen Lebensaufgaben. Viele warten darauf, dass irgendjemand ihnen diese Frage beantwortet. Aber die richtigen Antworten darauf kannst nur du dir selbst geben. Du musst in dich hineinhören und deine Wünsche und Bedürfnisse ausloten. Als Richtschnur und Hilfsmittel können dir deine Erziehung, dein Glaube, die Grundsätze der Ethik, die Zehn Gebote oder die goldene Regel dienen: „Was du nicht willst, das man dir tu, das füg' auch keinem andern zu.“ Diese goldene Regel findet sich in allen Religionen der Welt und sie ist richtig. Deshalb ist es so wichtig, sein eigener Seismograph zu sein. Die Stimme des Gewissens meldet sich oft. Wir müssen dieser Stimme vertrauen und uns auch selbst Verantwortung zutrauen. In diesem Sinne war Matthäus wohl ein Weiser.

Die Pflichterfüllung hat einen hohen gesellschaftlichen Stellenwert, wenngleich viele darunter leiden und stöhnen. Unter der Erfüllung ihrer Pflicht brechen viele zusammen, brennen aus oder verzweifeln. Die Welt der Verpflichtungen erleben zunehmend mehr Menschen als eng und schmal und ohne gekennzeichnete Notausgänge. Ein langer, schmaler Gang ohne Abzweigungen und Ruheräume. Die Pflichterfüllung gegenüber Familie, Beruf, Eltern, Staat, Freunden und gesellschaftlichen Anforderungen lassen, wenn sie zu viel werden, kein selbstbestimmtes Leben zu. Der Einzelne vertrocknet unter dem Druck des bloßen Funktionierens, verliert Freude und Antrieb, wird missmutig und verletzlich.

Die Pflicht ist kein Kürprogramm, das man sich aussuchen kann. Es kann dazu führen, dass wir nicht mehr unser Leben leben, sondern das, das andere wollen. Das sind keine erstrebenswerten Aussichten, wenn man auch das Glück der Freiheit eines selbstbestimmten Lebens als Partner haben möchte.

Wie viele Verpflichtungen können wir ertragen? Wie oft können wir Ja und wie oft müssen wir Nein sagen zu Anfragen, Aufforderungen und Einladungen?

Es ist, wie so oft, eine Frage der eigenen Entscheidungen, der Schwerpunktsetzung, der auf die eigene Persönlichkeit abgestimmten Balance zwischen Geben und Nehmen und der persönlichen Fähigkeit, seine Vorstellungen auch durchzusetzen.

Die richtigen Antworten bekommst du von dir selbst. Du musst den Mut aufbringen zu ändern, was du verändern möchtest.

Pflichten können aber auch motivieren und wichtige Erfolgserlebnisse bringen, wenn man sie als Herausforderung sieht, sich nicht alles gleichzeitig aufbürdet und sie auf seine Art erledigt. Nimm dich dabei nicht zu wichtig. Vieles wird zur Last, weil du dich selbst für unersetzlich hältst. Du musst über dich selbst lachen können und wissen, die Welt wird sich auch ohne dein Zutun weiter drehen.

Die Geschichten vom Ameisenbär und vom Geschäftsmann und dem Fischer

Der Große Ameisenbär agiert jenseits aller Gier mit einer völlig anderen Strategie. Der Große Ameisenbär ist ein urzeitliches Tier, aber er ist mit einer hohen Nachhaltigkeits-Intelligenz ausgestattet. Er lebt in Mittel- und Südamerika und frisst Ameisen und Termiten. Termiten leben in hohen Termitenhügeln, die wie kleine Festungen in der Savanne stehen.

Ein ausgewachsener Ameisenbär vertilgt pro Tag bis zu 35.000 Termiten. Er wandert deshalb von Termitenhügel zu Termitenhügel, bricht mit seinen scharfen Krallen die festen Termitenbauten auf und schleckt maximal drei Minuten lang je Hügel die Termiten aus ihrem Bau, dann wandert er zum nächsten weiter. Obwohl der Ameisenbär Hunger hat und es für ihn ein Leichtes wäre, den ganzen Termitenhügel zu zerstören und alle darin befindlichen Termiten zu fressen, hält er sich eisern an die Drei-Minuten-Regel. Der schlichte Ameisenbär scheint instinktiv zu wissen, dass es eine schlechte Strategie wäre, den ganzen Termitenhügel zu zerstören und alle auf einmal zu fressen. Er bräuchte dann zwar nicht täglich weit zu laufen und könnte sich auf einmal den Magen voll schlagen, aber irgendwann wären alle Termitenhügel zerstört und alle Termiten gefressen. Was dann?

So bleibt der Große Ameisenbär bei seiner Nachhaltigkeitsstrategie und frisst nur drei Minuten je Termitenhügel. Dadurch können sich die Termiten ständig erneuern, da bei Einwohnerverlust im Termitenbau die Königin zu vermehrter Eiablage angeregt wird und so die Verluste ständig ausgeglichen werden.

Diese Vorgangsweise stillt den Hunger zwar nicht schnell, aber dauerhaft. Der Große Ameisenbär weiß das. Warum wissen wir es nicht?

Eines Tages steht ein Geschäftsmann am Pier in einem kleinen Dorf und beobachtet einen Fischer mit einem kleinen Kahn, in dem ein Thunfisch liegt. Der Geschäftsmann gratuliert dem Fischer und fragt, wie viel Zeit er braucht, um die Fische zu fangen [6].

„Nur ein paar Stunden, nicht mehr", antwortet der Fischer.

„Warum bleibst du nicht länger und fängst mehrere Fische?", wundert sich der Geschäftsmann.

„Ein Fisch reicht mir, um meine Familie für morgen zu versorgen", sagt der Fischer.

„Was machst du sonst den ganzen Tag?", lässt der Geschäftsmann nicht locker.

„Ich schlafe bis zum Mittag, dann gehe ich ein paar Stunden fischen, dann spiele ich mit meinen Kindern, danach gehe ich im Dorf spazieren. Abends trinke ich Wein mit meinen Freunden und spiele Gitarre. Sehen Sie – ich genieße mein Leben", erklärt der Fischer.

„Ich bin ein Wallstreet-Manager", sagt der Geschäftsmann, „und ich helfe dir. Du machst alles falsch. Du musst den ganzen Tag fischen und dir ein großes Boot kaufen."

„Und dann?", fragt der Fischer

„Du wirst viele Fische fangen und kaufst dir mehrere Boote. Eines Tages hast du deine eigene Flotte."

„Und dann?"

„Dann wirst du den Fisch nicht an den Großhändler verkaufen, sondern direkt an die Fabrik. Du erhöhst deinen Gewinn, ziehst in die Großstadt und eröffnest deine eigene Fabrik."

„Und wie viel Zeit brauche ich dafür?"

„15 bis 20 Jahre."

„Und was dann?"

„Und dann", lächelt der Geschäftsmann, „dann kommt das Beste. Du verkaufst deine Fabrik und wirst sehr reich."

„Und dann?"

„Dann hörst du auf zu arbeiten, ziehst in ein kleines Dorf am Meer, wirst bis zum Mittag schlafen, ein bisschen fischen, mit deinen Enkelkindern spielen, im Dorf spazieren gehen, abends mit deinen Freunden Wein trinken und Gitarre spielen."

Barmherzigkeit

Barmherzigkeit ist ein Wort, das aus unserem alltäglichen Sprachgebrauch de facto verschwunden ist. Dabei ist uns mit Barmherzigkeit nicht nur ein Begriff abhanden gekommen, sondern eine Einstellung zum Leben allgemein. Zugegeben, Barmherzigkeit klingt irgendwie altmodisch, aber kaum etwas anderes hat mehr Zukunftspotenzial. Barmherzigkeit ist eine exklusive menschliche Tugend und bedeutet, sich dem Elend eines anderen hilfreich zuzuwenden.

Von allen Lebewesen auf dem Planeten hat weltexklusiv der Mensch allein diese Fähigkeit.

Also hinschauen, statt wegschauen. Mitgefühl statt erstarrende Coolness. Gefühl statt sterilen Rechenstiftdenkens. Die Schwachen brauchen die Barmherzigkeit

der Stärkeren. Die Schöpfung die Barmherzigkeit der Menschen. Ein durch und durch moderner Begriff für eine menschlichere Zukunft.

Der größte Profiteur der Barmherzigkeit bist du selbst, weil du dich wieder als Mensch entdeckst und dich damit gegen deinen maschinenhaften Gebrauch wehrst. Es bedeutet weniger Frust, weniger Burnout, weniger Zank und bringt einen MehrWERT an Freude und Gemeinsamkeit.

Wer beim Einkauf darauf achtet, woher Eier, Fleisch und Käse kommen, befreit Tiere aus Käfigen, abgedunkelten Massenställen, erspart ihnen unsagbares Leid und handelt barmherzig. Wer seinem Nachbarn hilfreich zur Seite steht, gewinnt einen Freund.

Barmherzigkeit kann die Welt verändern. Probier es.

Wo ist die Zeit, die wir nicht finden?

Die Geschichte über meinen Großvater ist eine Geschichte der Zeitverschiebung.

„Ihr Jungen", sagte mein Großvater, „wollt alles gleichzeitig tun. Wer alles gleichzeitig will, ist ständig in Stress und Zeitnot. Für jeden Menschen hat der Tag 24 Stunden und das Jahr 365 Tage. Das ist doch gerecht, oder? Aber viele wollen in 24 Stunden das erledigen, was auch in 48 Stunden nicht zu schaffen ist. Ihr wollt alles gleichzeitig. Dieses dauernde Hetzen macht euch unzufrieden und unglücklich, weil alles immer zu langsam ist."

Mein Großvater war ein einfacher Bauer mit einem kleinen Bauernhof mit Wiesen und Feldern. Er hatte einen Stall mit Kühen und Ochsen. Er züchtete Schweine und Hühner und baute auf seinen Feldern Getreide an. Sein Tagesablauf hatte eine strenge Struktur, 365 Tage des Jahres. Am frühen Morgen wurden zuerst die Tiere gefüttert, dann gab es das Frühstück. Noch bevor an Sommertagen die Sonne heiß wurde, mähte Großvater das Gras auf der Wiese und brachte es als Futter für den nächsten Tag ins Haus. Danach wurden, in der frischen Morgenbrise, die Ochsen angespannt und es ging damit hinaus aufs Feld. Gegen Mittag, wenn die sommerliche Hitze vom Himmel drückte, wurde ausgespannt. Die Ochsen bekamen im schattigen Stall Futter und Wasser. Nach dem

Mittagessen legte sich Großvater an schönen Sommertagen vor das Haus unter den großen Kirschbaum. Er zog seinen Steirerhut über die Augen und machte ein Nickerchen. Danach zündete er die Pfeife an und wenn die ersten nachmittäglichen Schatten die Hitze kühlten, ging es wieder in den Stall zu den Ochsen und damit aufs Feld. Die morgendliche und abendliche Kühle wurde voll für die Arbeit am Feld genützt. Die Tage waren lang und zurück in den Stall ging es meist erst mit der abendlichen Dämmerung. Anschließend wurden wieder zuerst die Tiere gefüttert und gemolken, und während die Kühe und Ochsen ihr Wasser aus den großen Eimern soffen, saß Großvater auf dem Melkschemmel und zog an seiner Pfeife.

Am Sonntag und an Feiertagen ging er zu Fuß in die fünf Kilometer entfernte Kirche und später zum Wirt auf Beuschel und Wein. Großvater war ein zufriedener Mann. Er freute sich, wenn er ein Rind gut verkaufte oder für seine Äpfel beim Händler einen zufriedenstellenden Preis heraushandeln konnte.

Er folgte dem Rhythmus der Tage und Jahreszeiten, säte, erntete und verkaufte und genoss die Freuden der Feste und Feiern im Jahreskreis. Großvater lebte mit dem, wie es war, voll im Einklang. Er wollte nicht mehr, als er hatte. Er strebte nicht nach Macht über andere und er wollte niemandem etwas beweisen. „Ich brauche kein Schiff um glücklich zu sein, ich brauche nur genügend Zeit, um mich an dem freuen zu können, was ich habe", war seine einfache Richtschnur, nach der er lebte.

109

Geschenkte Zeit

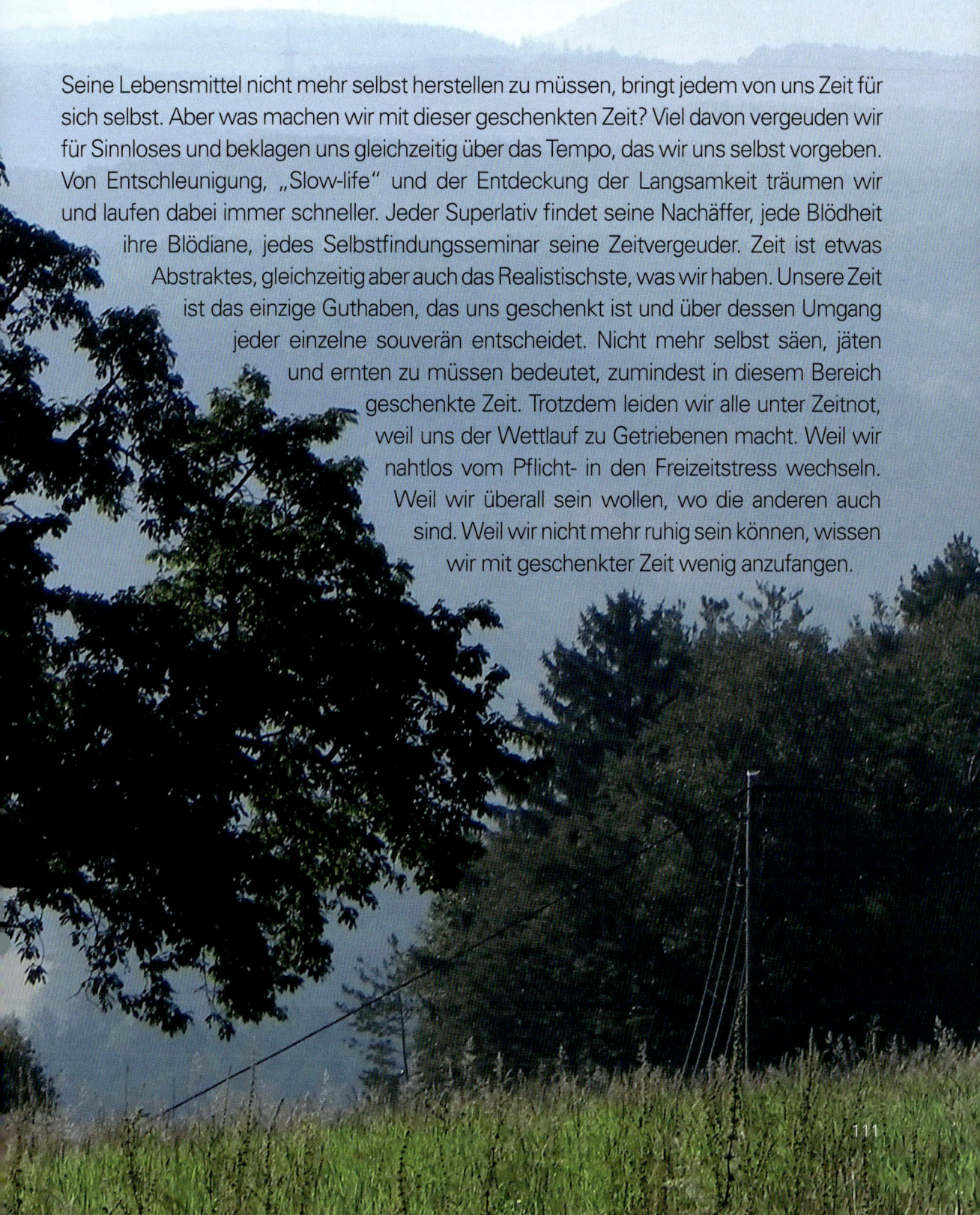

Seine Lebensmittel nicht mehr selbst herstellen zu müssen, bringt jedem von uns Zeit für sich selbst. Aber was machen wir mit dieser geschenkten Zeit? Viel davon vergeuden wir für Sinnloses und beklagen uns gleichzeitig über das Tempo, das wir uns selbst vorgeben. Von Entschleunigung, „Slow-life" und der Entdeckung der Langsamkeit träumen wir und laufen dabei immer schneller. Jeder Superlativ findet seine Nachäffer, jede Blödheit ihre Blödiane, jedes Selbstfindungsseminar seine Zeitvergeuder. Zeit ist etwas Abstraktes, gleichzeitig aber auch das Realistischste, was wir haben. Unsere Zeit ist das einzige Guthaben, das uns geschenkt ist und über dessen Umgang jeder einzelne souverän entscheidet. Nicht mehr selbst säen, jäten und ernten zu müssen bedeutet, zumindest in diesem Bereich geschenkte Zeit. Trotzdem leiden wir alle unter Zeitnot, weil uns der Wettlauf zu Getriebenen macht. Weil wir nahtlos vom Pflicht- in den Freizeitstress wechseln. Weil wir überall sein wollen, wo die anderen auch sind. Weil wir nicht mehr ruhig sein können, wissen wir mit geschenkter Zeit wenig anzufangen.

Der Verlust des Hausverstandes

Nach dem letzten großen Krieg blühte Europa auf. Aber das tat seinen Bewohnern nicht nur gut. Sie wurden anspruchsvoll, dickbäuchig und grantig und verloren dabei ihren Hausverstand. Jeder wollte mehr haben als der andere. Die Gier griff wie ein Virus um sich. Es begann ein Wettlauf jeder gegen jeden.

Bald ging es nur noch um wenige Fragen: Wer hat das größte Haus? Wer die besten Beziehungen? Wer das prestigeträchtigste Auto? Wer das höchste Einkommen? Wer die klügsten Kinder?

Seitdem glaubt jeder, der Beste, der Schönste und Tollste sein zu müssen. Jeder ein Star. Und da der Glaube bekanntlich Berge versetzen kann, glaubt der Großteil, es tatsächlich auch zu sein. So ist das ganze Land voll vermeintlicher Genies. Und überall dort, wo sich die Bewohner in Rudeln zusammenrotten, singen sie laut und gröllend „We are the champions".

Weil aber jeder der Beste und ein Champion zu sein glaubt, sind am Ende erst wieder alle gleich. Nur noch die lautesten gorillaartigen Brusttrommler bekommen ihr kurzes Stück extra Aufmerksamkeit. Das ist wenig Anerkennung für so viel Anstrengungs-Marketing. Das frustriert. Die ganze Angeberei macht keinen Unterschied mehr, weil alle übertreiben und sich selbst belügen. Auf die Dauer macht das unzufrieden und trotz Wohlstand gibt es wenig Wohlgefühl.

Und das alles kommt davon, dass der Hausverstand ausgezogen ist und sich an seiner statt die Gier heimisch einrichtete.

Der Magen hat kein Gedächtnis

Der Magen hat kein Gedächtnis. Hast du es auch schon gemerkt? Du kannst heute noch so viel essen, trotzdem ist er morgen wieder da, der Hunger. Ähnlich ist es mit allem, worauf du gerade Lust und Gusto hast.

Das ist der Haken an der Geschichte. Der Magen hat kein Gedächtnis. Er ist der Grund dafür, dass wir uns zum Vielfraß entwickelt haben. Ständig zwickt er, ständig erinnert er uns: „Iss, iss, kauf, kauf." Noch einen Nachschlag. Ein Dessert geht noch. Noch ein Schnäppchen. Das ganze Leben ist ein Wechsel von Hunger und Sattheit. Wir aber kennen nur noch die Sattheit. Das tägliche Schöpfen aus dem Vollen. Das hat unsere Werteinstellung verändert. Die vollen Schüsseln sind bildlich gesprochen eine alltägliche Selbstverständlichkeit und wie alles Alltägliche und Selbstverständliche bekommt es nicht die gebührende Wertschätzung. Unsere Sattheit ist inzwischen so groß, dass sie als ein echtes Problem für die Entwicklungsfähigkeit unserer Gesellschaft erkannt wurde. Permanente Sattheit macht träge und lustlos. Keine guten Aussichten für eine Gesellschaft, der der Nachwuchs ausgeht.

Oft zeigt sich die Gier am Buffet in ihrer schönsten und reinsten Form. Das Buffet ist üppig, sieht toll aus und schmeckt auch so. Also nichts wie noch einmal hin. Und von dem noch etwas und von dort die Sauce und von dort drüben den Braten und da noch etwas vom Roastbeef …

Einst bedeutete auch die Sünde der Völlerei eine Markierung zwischen Gut und Böse. Heute schafft sie als Dauerzustand Übergewichtige und ist weniger ein Problem der Seelsorge, sondern ein Megathema für die Weltgesundheitsorganisation. So ändern sich die sprichwörtlichen Gewichtungen.

Was messbar bleibt, sind 1,6 Milliarden Übergewichtige in den Wohlstandsländern und eine Milliarde Hungernde.

Unter diesem Aspekt ist Völlerei vielleicht doch auch ein Thema für die Seelsorge.

Fruchtbarer Boden ist ein knappes Gut

Noch 1960 standen jedem Erdenbürger 4300 m² Ackerland zur Verfügung, heute sind es nur noch 1800 m² mit weiter stark sinkender Tendenz.

Gleichzeitig nimmt die Weltbevölkerung rapide zu. Keine guten Voraussetzungen für üppig gefüllte Teller. Grund und Boden geben uns Sicherheit. Boden hat kein Ablaufdatum, keine Verfallsgrenze, kein reales oder prognostiziertes Ende. Boden ist ewiglich. Das liegt jenseits unserer Vorstellungskraft. Unser Denken erlaubt nur die Unterscheidungen in fruchtbaren, verseuchten, nackten und unfruchtbaren Boden. Dabei ist uns die Tatsache nicht bewusst, dass Boden nicht nur als Bauland ein knappes Gut ist.

Fruchtbarer Boden ist ein täglich knapper werdendes Gut, weil wir alles, was aus dem Boden sprießt, was darauf kreucht und fleucht, fressen. Zuerst die Pflanzen, dann die Tiere und dann den Boden selbst. Alles Fruchtbare wird aus dem Boden herausgepresst, Jahr für Jahr, so lange, bis nur noch Wüste ist.

Deshalb ist fruchtbarer Boden eine täglich knapper werdende Ressource. Irgendwann geht alles auf dieser Welt einmal zu Erde. Wir alle sind Kinder der Erde. Im wahrsten Sinne des Wortes. Und alles, was um uns ist, Bäume, Gräser, Tiere, die Städte und auch die Autobahnen werden irgendwann wieder zur Erde werden, die wir Boden nennen. Dieser Boden gibt uns Halt, filtert und speichert unser Trinkwasser, lässt Kartoffeln, Getreide, Gras und Bäume wachsen und sichert so unsere physische Existenz. Im Boden wohnt der unsichtbare Geist der Fruchtbarkeit. Allgemeine Wertschätzung genießt der Boden deshalb nicht. Feine Stiefel werden ungern mit Dreck beschmutzt. Vor die Wahl gestellt wird Asphalt gegenüber nacktem Boden bevorzugt.

Essen vom Tisch der anderen

Tatsache ist, dass China, das bevölkerungsreichste Land der Erde, jährlich 4000 Quadratkilometer Boden (das ist in vier Jahren die Fläche des Bundeslandes Steiermark und in zwanzig Jahren die ganz Österreichs) an die Wüste verliert.

Dazu passt, dass das reichste Land der Welt, die USA, gleichzeitig auch der größte Agrarimporteur der Welt ist. Ähnliches gilt für Deutschland, 8 % der am Weltagrarmarkt gehandelten Lebensmittel werden für Deutschland geerntet. Das heißt nichts anderes, als dass große Teile der Lebensmittelproduktion der Industrieländer ausgelagert sind und von anderen Ländern erbracht werden.

Wir lassen produzieren.

Schuhproduktion oder Lebensmittelproduktion, wo liegt da schon der Unterschied? Wer es am billigsten kann, bekommt den Auftrag. Diese Mentalität zerstört historisch gewachsene bäuerliche Strukturen auf allen Kontinenten. Das hat Auswirkungen auf Vielfalt und Qualität unseres Essens.

Wir alle sprechen vom Planet Erde, obwohl alle wissen, dass zwei Drittel des Planeten mit Ozeanen, also Wasser, bedeckt sind. Trotzdem ist es hauptsächlich die Erde, von der wir alle leben.

Der Wert von fruchtbarem Boden ist uns nicht bewusst, dazu sind wir zu satt und zu sorglos. Selbst jene Letzten, die wirklich um deren Wert Bescheid wissen, die Bauern, halten wir für rückständig und verzichtbar, weil wir unsere Lebensmittel im Supermarkt kaufen und der steht bekanntlich auf fein asphaltiertem Boden mit schön gepflasterten Parkplätzen. Wer denkt da schon an klebrige Erde?

Vergleiche dienen dem Sieger

Die Vergleicher wollen stets besser sein, als die, mit denen sie sich vergleichen. Erst dann macht der Vergleich für sie Sinn. Gefeiert werden immer nur die Sieger. Achtet daher nicht auf die Vergleiche, sondern auf jene, die die Vergleiche in Auftrag geben. Sie wollen sich in den Mittelpunkt stellen, weil sie zu wissen glauben, dass sie Sieger sein werden.

Wir leben in einer Zeit der Vergleiche. Alles wird mit allem verglichen.

Es werden Tages-, Monats-, und Jahresrankings erstellt. Die Superlative überschlagen sich. Die Sensationen wiederholen sich. Für eine Marketinggesellschaft eine Katastrophe. Wer nicht hervorsticht, geht unter. Dazu braucht es immer neue Sieger, neue Gesichter und noch spektakulärere Sensationen.

In der Realität ist das aber nicht schaffbar. Daher wird getrickst, geschrien und geplärrt, gelogen und betrogen. Die Dosis an Superlativen und Sensationellem muss ständig erhöht werden. Bis die Dosis zum Gift wird.

Luxusprodukte sind im Normfall Dinge, die niemand wirklich braucht, aber weil es so wenig von manchen Dingen gibt, will jeder sie haben, was ihren Wert weiter steigert. Bis der Preis Höhen erreicht, den nur noch wenige bezahlen können. So werden so genannte Luxusartikel zu sichtbaren Abgrenzungen zwischen den sozialen Gruppen, was ihre Begehrlichkeit zusätzlich steigert.

Dadurch wird der hohe Preis, den sich nur wenige leisten können, zum begrenzenden Faktor. Luxus dient somit in erster Linie als Möglichkeit zur Hervorhebung des eigenen sozialen Status.

Für eine Wohlstandsgesellschaft, in der alle Individualisten sein wollen, ist das von enormer Wichtigkeit. Die Marketingabteilungen aller Branchen wissen das und richten ihre Angebote auf genau das aus. Auch im ess- und trinkbaren Genussbereich gibt es viele Luxusangebote, um die Unterscheidung sichtbar zu machen. Sich von seinem Nachbarn zu unterscheiden und das auch für alle sichtbar machen zu können gibt dem Luxus erst das wahre Luxuriöse.

Wie viel braucht man, um zu leben?

Wie viel braucht man, um zu leben?

Die tägliche Nahrungsenergie eines Menschen von 2500 Kilokalorien ergeben 912.000 Kilokalorien pro Jahr. Die Ernte eines Jahres nährt einen Menschen in unseren Breiten langfristig und nachhaltig ein Leben lang. Diese 912.000 Kilokalorien Nahrung pro Jahr entsprechen umgerechnet auf Kilowattstunden einem jährlichen Energiebedarf von rund 1000 Kilowattstunden. Das sind 10 Hundert-Watt-Lampen, die eine Stunde im Jahr leuchten. In einem Jahr verbraucht ein Mensch die Nahrungsenergie, die 10 Hundert-Watt-Lampen mit einer Stunde Brenndauer verbrauchen.

Würde unser Bauch wie ein Autotank funktionieren, käme er mit der Energie von 106 Litern Erdöl pro Jahr aus [7]. Damit schafft man mit einem Auto, das 10 Liter je hundert Kilometer verbraucht, gerade einmal 1000 Kilometer im Jahr. Jeder von uns verbraucht also pro Jahr, in Form von Nahrung, die Energie, für die sein Auto gerade einmal 1000 Kilometer läuft. Ist doch ziemlich effizient so ein Mensch, oder?

Wovon lebt man also, wenn man lebt?

Eine ziemlich komplizierte Frage, wenn man anfängt, darüber nachzudenken.

Man lebt von dem, was das Leben einem bietet: von seinen Möglichkeiten, seinem Potential, den politischen Umständen, seinem Umfeld, davon, was Feld und Flur hervorbringen, seinen Freundschaften, und wenn man Glück hat, auch von der Umsetzung seiner Vorstellungen.

Wer wirklich gut lebt, lebt nach seinen eigenen Vorstellungen, sein einzigartiges Leben.

Die Frage ist damit beantwortet: Der Mensch lebt von dem, was er an vorgegebenen Lebensumständen und Ressourcen vorfindet, von seinen Freundschaften und Beziehungsgeflechten und von dem, was er sich zutraut und wie viel ihm an klugen Verwirklichungen seiner eigenen Wünsche gelingt. Das alles im Bewusstsein, dass jedes Ding seine Grenzen hat.

Was tun Menschen, wenn sie leben?

Menschen legen großen Wert auf Abgrenzungen. Jeder pocht auf seine Individualität, auf seine Einmaligkeit, auf seine eigene Großartigkeit. Die Mehrheit der Individualisten hält sich Nachbarn und Nächsten gegenüber für überlegen und spricht geringschätzig über den anderen. Im Gegensatz dazu wird die eigene Großartigkeit und Welterfahrenheit ins grelle Licht gestellt und mit Verstärkern über Lautsprecher verkündet.

Dabei sind wir Menschen Massenwesen, nicht nur was unsere Anzahl, sondern auch was unsere innere Befindlichkeit betrifft. Wir ticken auf allen Kontinenten ähnlich. Unser Verhaltensmuster ist jenen von Lemmingen und Schafen nicht unähnlich. Unabhängig vom sozialen Status, von Intelligenz und persönlicher Prägung tut ein Mensch im Laufe eines Jahres seines Lebens ziemlich überall dasselbe und in ähnlicher Weise. Das macht uns gleicher, als manchen lieb ist. Die Jahresbilanz eines durchschnittlichen Menschenlebens in unseren Wohlstandsländern folgt einem erstaunlich übereinstimmenden Grundmuster:[8]

So sitzt zum Beispiel ein Mensch im Laufe eines Jahres rund 1000 Stunden vor dem Fernseher, verbringt 49 Stunden auf der Toilette, steht über 90 Stunden im Stau und geht als Ausgleich 3,6 Millionen Schritte. Im gleichen Zeitraum wachsen die Haare um 12 Zentimeter und die Fingernägel um 31 Zentimeter. 450 Stunden verbringt der durchschnittliche Mensch im Autoverkehr und 104 Mal an den 365 Tagen hat er Geschlechtsverkehr, der in Summe leider nur 2 Minuten und 21 Sekunden orgastische Freuden bringt. 638 Stunden gehen für die Nahrungsaufnahme drauf, 2920 Stunden – immerhin ein Drittel der Lebenszeit – werden verschlafen und 54,7 Stunden werden die Zähne geputzt. 358 Stunden werden in das Lesen von Büchern und Zeitungen investiert, während die männlichen Hoden 36,5 Milliarden Spermien produzieren und eine Frau sich 33,3 Mal ihre Beine rasiert. Dafür sprechen Paare nur sparsame 54,7 Stunden miteinander, während die Lungen 3,65 Millionen Liter Luft ein- und ausatmen und das Herz mit seinen 36,5 Millionen Schlägen uns hoffentlich ein weiteres Durchschnittsjahr lang am Leben erhält.

Eine Menge Gleichsamkeit, die uns eigentlich näher zusammenrücken lassen müsste, tut doch jeder, was auch alle anderen tun. So sind die Unterschiede zwischen den Menschen kleiner als individuell wahrgenommen und wie sie viele – wohl aus einer gewissen Überheblichkeit heraus – haben möchten. Aber so ist der Mensch. Jeder ein Champion im eigenen Revier, gleichwohl aber genormt und angepasst im Rudel mit unauffälligen, ausrechenbaren Rudelverhalten.

Wertvoll machen das Leben die WERTE, die wir leben. Sie geben dem Leben Würde und Ausstrahlung. Gerecht zu sein, mutig zu seiner Meinung zu stehen, maßvoll mit sich selbst und seiner Umgebung umzugehen und die Gabe, über den eigenen Tellerrand hinauszusehen, geben Menschen etwas Edles. Es umhüllt sie eine Aura, die ab- und ausstrahlt. Ein solches Leben schöpft aus den eigenen Kraftquellen, die so groß sind, dass sich auch andere in seiner Umgebung wohlfühlen.
Erst daraus sprudelt echte Daseinsfreude.

Gutes Essen

Wie die meisten Menschen liebe auch ich gutes Essen. An einem schönen Sommertag draußen auf der Terrasse mit Pasta, Oliven, frischen Tomaten aus dem Garten, grünem Basilikum, gartenzartem Salbei, regionalem Ziegenkäse von Phillip auf knusprigem Bauernbrot von Alex, veredelt mit einem Glas kalten Welschriesling vom Burger oder einem Glas Morillon vom Posch. Herz, was willst du mehr?

Dazu Besteckgeklimper, Gläserklirren, Gelächter, humorvolles Gesprächsgemurmel, sanftes Sommerblätterrauschen und über allem ein strahlend blauer Himmel. Was kann es Schöneres geben? Das sind jene Momente der Freude, in denen wir uns kurz unseres Glückes bewusst sind. Essen ist damit vielmehr, als nur Energiezufuhr. Essen, bewusst zelebriert und mit Bedacht ausgesucht, kreiert und aufgetischt, ist ein wesentliches Stück Lebensfreude.

Gutes Essen ist Orgasmus für Gaumen und Zunge.

Wenn du dir täglich nur fünf Minuten Zeit für dein Essen nimmst, weil dich das Leben durch seine Gassen peitscht und der Wettbewerb dir keinen Spielraum lässt, wirst du entweder jede Menge Fast Food in dich hineinstopfen müssen oder du wirst neben der vollen Schüssel verhungern.

Mit täglich fünf Minuten fürs Essen hast du nur diese zwei Möglichkeiten.

Im ersten Fall wirst du dich mit Fast Food dick und fett fressen. Dein Geschmackssinn wird mit dir Achterbahn fahren. Du wirst dir den Watschelgang einer Ente zulegen und ob deiner Kurzatmigkeit jeden Hügel meiden. Zuerst wirst du also deinen Geschmackssinn verlieren und dann dein Leben.

Im zweiten Fall wirst du von frischen, geschmackvollen Lebensmitteln nur träumen, denn mit fünf Minuten täglich kriegst du das nicht hin. Dein Geschmackssinn wird intakt bleiben und du wirst schlank wie eine Gazelle sein, aber das nur kurze Zeit, bis du endgültig verhungert bist.

Die Frage, welche Todesart die gesündere ist, ist dabei unerheblich. Entscheidend ist die Botschaft: Mit fünf Minuten Essen hast du keine andere Wahl.

Essen ist eine lebenswichtige Tätigkeit. Dafür braucht es Verstand, Können, Wertschätzung für das Gute und auch ausreichend Zeit.

Wachsen, reifen, regenerieren

Wachsen heißt größer werden.

Wachsen ist ein natürlicher Vorgang in kleinen, oft kaum merklichen Schritten, innerhalb einer bestimmten Zeitspanne.

Nach dem Wachsen kommen die Reife und danach die Erholungsphase, aus der wieder neue Kräfte für den Neustart geschöpft werden. So ist das dauerhafte Wachstum in der Natur organisiert. Wachsen, reifen, regenerieren. Das ist der sich stetig wiederholende Rhythmus der Natur. In diesem Rhythmus wachsen und reifen gesunde Lebensmittel, Menschen und Betriebe.

Jeder Einzelne trägt diese Melodie in sich. Wer dauerhaft dagegen verstößt, muss mit Misstönen bis hin zu schlimmen Konsequenzen rechnen.

Wer nur wächst, reift nicht. Aus dem Blickwinkel der Natur ist das sinnloses Wachstum, das nur Schaden anrichtet. In der Humanmedizin bezeichnet man grenzenloses Wachstum als Tumor. Das Paradoxe an dieser Art von Wachstum ist, dass alles so lange wächst, bis es sich selbst zerstört.

Naturbelassenes Essen wächst am Acker, im Garten, auf der Wiese, im Stall, auf der Weide oder am Balkon in der Blumenkiste. Essen braucht Zeit.

Ein kleiner Apfelbaum, der im Frühling in die Erde gepflanzt wird, braucht Zeit, um sich mit seinen Wurzeln im Boden zu verkrallen, einen Stamm mit Zweigen zu entwickeln, um im Jahr darauf zu blühen und Früchte wachsen zu lassen.

Ein Kalb wird geboren und wird in einem Maststall in eineinhalb Jahren zur Schlachtreife gemästet. Ein Almochse dagegen darf sich die doppelte Zeit und zwei Almsommer lang seines Lebens erfreuen.

Mais wird im April ausgesät, dann braucht es zwei Wochen, bis das erste Grün aus der Erde drängt. Anfang Juli ist die Maispflanze zwei Meter hoch und blüht. Ende Oktober fressen sich dann die großen Mähdrescher durch die Felder und ernten Millionen von gelben Maiskörnern.

Auch im Wachsen gibt es Unterschiede.

Der täglich volle Teller

Die Bauern schwitzen und zittern. Die Müller sacken sich durch den Staub von Elevatoren und Silos. Die Bäcker stehen auf, wenn du schlafen gehst. Die Fleischer waten in Blut und Gedärmen. Die Mitarbeiter im Supermarkt erbleichen bei der Betrachtung ihres Lohnzettels. Die Köche dunsten in ihren dampfenden Küchen. Die Kellner strampeln kilometerlange Wege mit Teller und Glas. Die Lebensmittelprüfer stöhnen über ihre übervollen Terminkalender. Die Agrarforscher rotieren in ihren Labors.

Das alles nur aus einem Grund, um uns täglich preisgünstig, genuss- und geschmackvoll den vollen Teller servieren zu können.

Vielleicht findest du in einer stillen Stunde Zeit, nachzudenken über all die vielen Handgriffe, Schritte, Selbstüberwindungen, Verletzungen, Handlungen, Brutalitäten und Selbstausbeutungen, die getan werden müssen, um dir täglich den Teller zu füllen. Es lohnt sich. Du wirst bewusster auswählen und dein Essen mit mehr Freude genießen.

Auch bei uns haben die Menschen bis in die 1950er-Jahre hinein Hunger gelitten. Lebensmittel sind knapp und teuer gewesen, Fleisch ein unerschwinglicher Luxusartikel. Vierzig Jahre Wohlstand haben diese Erinnerung aus unserem Hirn gelöscht und wir denken die Zeit der üppig gefüllten Teller, des Wegwerfens von allem, was uns gerade nicht schmeckt, sei für immer naturgesetzlich geregelt.

Der Vielfraß Mensch macht auch hier die Rechnung ohne den Wirt, weil die Gier unendlich ist, die Ressourcen aber begrenzt sind.

Täglich verhungern auf unserem Planeten 37.000 Menschen, 9 Millionen in einem Jahr. Die Einwohnerzahl von Österreich verhungert jährlich.

Der Hunger ist nicht ausgerottet – wie die Zahlen beweisen – er ist aus unseren Breiten nur weitergezogen.

Töten

Im Bewusstsein unserer westlichen Welt kommt der Tod in Bezug auf das Lebensmittel Fleisch nicht vor.

Bei Völkern, die noch enger mit der Natur leben, ist das anders. Töten und Sterben gehören zum Leben. Wer Fleisch essen will, muss vorher töten. Bei uns wird das tabuisiert. In den meisten Kulturen unserer Welt ist das aber nach wie vor gelebte Alltäglichkeit. Bis vor wenigen Jahren war das auch bei uns auf der Mehrzahl der Bauernhöfe noch Selbstverständlichkeit. Auch ich selbst habe das bis ins neue Jahrtausend herein auf unserem Hof erlebt. Erst überzogene Hygienebestimmungen und zunehmende Spezialisierungen bringen diese Tradition zum Verschwinden.

Überall auf der Welt sterben täglich Abertausende Tiere für unser Essen. Einmal weggesperrt von aller Öffentlichkeit in großen Schlachtfabriken, dann wieder vor den Augen aller Beteiligten als Geschenk für den Gast bei Naturvölkern. Am Ende steht immer der Tod des Tieres. Und es gibt viele Möglichkeiten des Tötens: mit vorangehendem Betäuben durch Strom, Gas oder Schlagbolzen oder Töten durch einfachen Kehlschnitt, Herzstich, Schächten oder Abdrücken der Herzschlagader, wie das traditionell die Mongolen machen.

Töten muss so schmerzfrei, so stressfrei, so human wie möglich sein. Das ist das Mindeste, was wir den Tieren schulden. Töten ist notwendig, um das Lebensmittel Fleisch auf den Tisch zu bringen.

Perfekte Produkte

Das Ei ist ein perfektes Produkt in innovativster Verpackung, mit großartigem Design und ausgeklügeltem Inhalt.

Es kann roh, gekocht, gebraten oder angebrütet gegessen werden und ist auch ohne Kühlschrank, bei richtiger Konservierung, über Monate haltbar.

So gesehen ist das Ei, das uns von der Natur geschenkte, perfekte Überlebenspaket. Die Ästhetik seiner schlichten Eleganz ist in Form und Material unübertroffen.

In Österreich legen etwa 6 Millionen Hühner 1,5 Milliarden Eier pro Jahr.

Pro Kopf und Jahr isst jeder Österreicher über Direktgenuss und Verarbeitung 236 Eier. Eine Henne legt im Jahr wohlgeformte, runde 230 Eier.

Alles, was wächst, braucht Zeit. Ein Gütesiegel soll perfekte Erzeugnisse sichtbar machen. Es soll die Sicherheit geben, dass in allen Stadien des Wachsens die vom Hersteller versprochenen Regeln eingehalten wurden.

Der Gütesiegelgeber garantiert mit seinem Namen bestimmte, versprochene Eigenschaften des Produktes. Er legt sozusagen für die Echtheit und Wahrheit der behaupteten Eigenschaften seine Hand ins Feuer.

Der Gütesiegelaussteller kann das nur aufgrund strenger Auflagen und permanenter Kontrollen garantieren. Den Konsumenten wird damit die Auswahl erleichtert und auch die Sicherheit für den Inhalt garantiert.

Grundsätzlich gibt es zwei Arten von Gütesiegelgebern, private und staatliche Stellen. Österreichs staatliches Gütesiegel kommt von der AMA (Agrar-Markt-Austria). Dahinter steht die staatliche Lebensmittelkontrolle durch das Bundesministerium für Land- und Forstwirtschaft. Daneben gibt es noch eine Vielzahl von privaten Institutionen bis hin zu den Handelsketten, die – vor allen im Biobereich – eigene Kennzeichnungen und Handelsnamen führen. Der Spruch „Vertrauen ist gut, Kontrolle ist besser" hat etwas für sich, aber im Regal muss es sich für den Verbraucher und auch für den Hersteller rechnen und vor allem müssen die versprochenen Eigenschaften stimmen. Die Belohnung für den Konsumenten ist das zertifizierte Produkt und für den Erzeuger der bessere Preis. So wird Essen sicherer und Ehrlichkeit belohnt.

Von Tieren leben

Eine Wurst ist nicht nur ein Stück Wurst. Für dieses Stück Wurst müssen Tiere sterben. Fast alles, was in dieser Wurst ist, stammt von Tieren. Rind und Schwein zahlen dafür den höchsten Preis, sie müssen dafür ihr Leben geben.

Wir wertschätzen das nicht. Je billiger, desto besser.

Welchen Preis unsere Mitgeschöpfe dafür bezahlen, interessiert uns nicht. Was gehen uns die anderen an.

Tiere werden genau dafür gehalten, gemästet und geschlachtet. Wir essen Tiere, weil sie uns schmecken.

Das ist unsere Sicht der Dinge. Ihr Leben für die Wurst.

Aber Pute, Rind, Schaf und Schwein haben genauso große Angst vorm Sterben wie wir.

Aber was ist uns ihr Leben wert, wenn es um die Wurst geht?

Glückliche Hühner, ja.

Glückliche Schweine, ja.

Aber alles nur, solange unsere Wurst nicht teurer wird.

Das ist unsere Art der Wertschätzung.

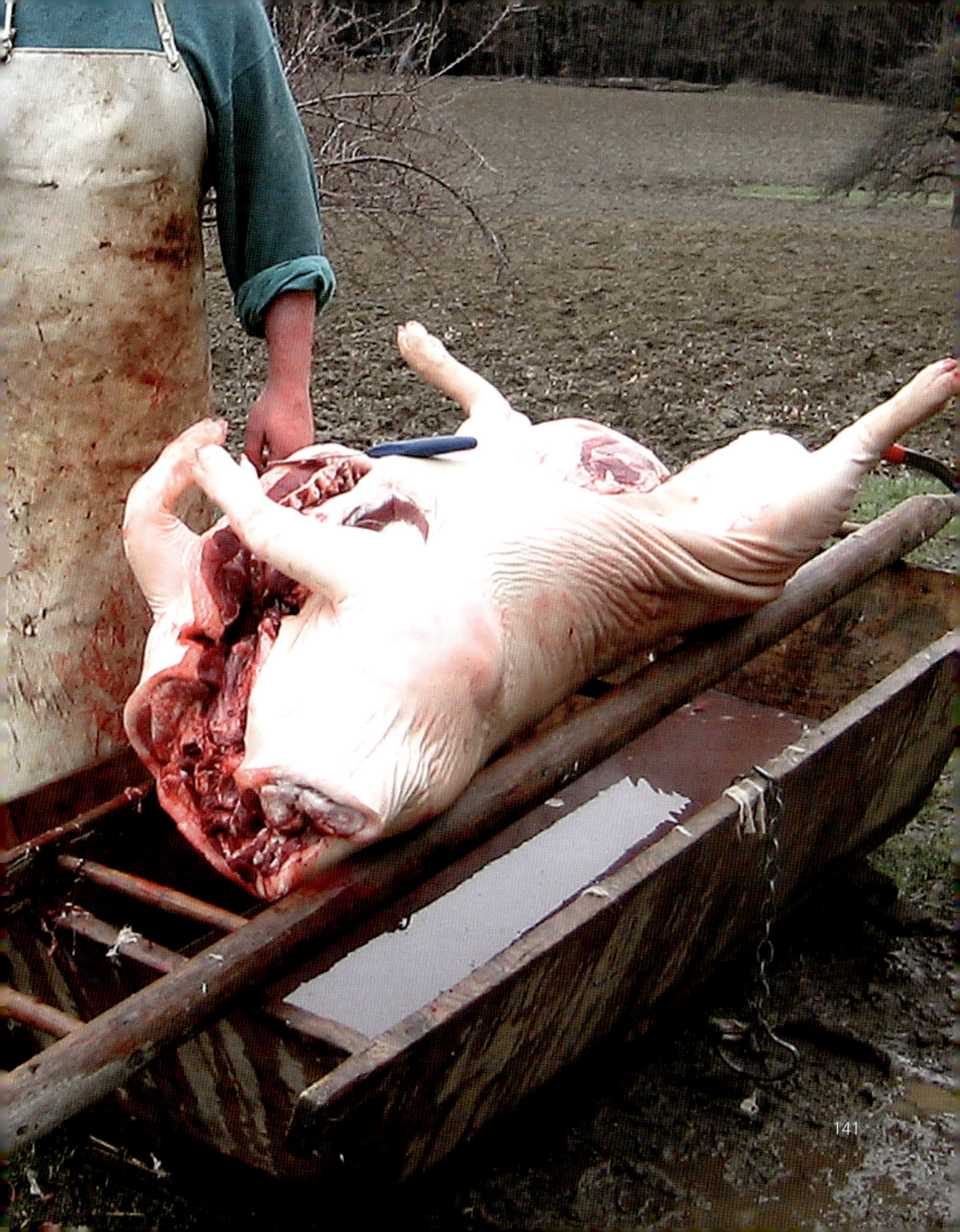

Wohlstandsfutter Fleisch

War früher der Sonntagsbraten ein Braten, den es nur am Sonntag gab und dadurch etwas Besonderes, weil Fleisch knapp und teuer war, so ist Fleisch heute jederzeit greif- und leistbar. Das auch deshalb, weil Zucht, Mast und Schlachtung industriell geplant und durchgeführt werden. Fleisch ist ein globalisiertes Produkt, weil die Fleischerzeugung weltweit ähnlichen Regeln folgt.

Während der Fleischkonsum in Europa stagniert, explodiert der Fleischhunger in den großen Ländern wie China, Indien oder Brasilien. Überall dort, wo Wohlstand spürbar wird, nimmt der Fleischkonsum zu.

Die jungen, hungrigen Aufsteigergesellschaften in den großen Ländern wie China, Indien und Brasilien fordern ihren Anteil am Wohlstand.

Fleisch ist ein Wohlstandsindikator!

Der Mensch ist ein Raubtier. Ein Wolf beim Essen wie im Geschäftsleben und im Umgang mit Schwächeren. Täglich lesen wir davon in den Zeitungen, sehen es uns entspannt im Fernsehen an, und wenn das nicht genügt, geben wir uns zum Drüberstreuen noch einen mörderischen Psychothriller. Auch das ist Futter für den Wolf in uns.

Wir sind abgestumpft.

Niemand ist für Tierleid. Für nicht tiergerechte Haltungsformen, für quälende Tiertransporte oder grausames Schlachten. Nur deswegen mehr für das geliebte Schnitzel zu bezahlen, das will keiner.

Da schauen wir lieber nicht so genau hin. Das Schnitzel sieht immer gleich gut aus, egal, womit das Schwein gefüttert wurde, egal, wie weit es transportiert wurde, und egal, wie es getötet wurde.

Einem Schnitzel oder Lammbraten sieht man seine lebende Vergangenheit nicht an. Deshalb ist uns Tierschutz auch wichtig und jedes Kotelett gleich viel wert, solange es billig ist und nicht mehr kostet.

Der Mensch ist ein begeisterter Fleischfresser. Mit zunehmendem Wohlstand steigt die Nachfrage nach Fleisch. Ein Österreicher isst rund 60 Kilo Fleisch pro Jahr. Ein US-Amerikaner isst mit 123 Kilogramm pro Kopf und Jahr ziemlich genau das Doppelte an Fleisch wie wir.

Vor etwa 10.000 Jahren begann der Mensch zuerst Wildschweine und später Auerochsen zu domestizieren und am eigenen Hof zu züchten. Damit gab es den Fleischvorrat direkt vor der Hütte. Heute schlachten wir jährlich weltweit etwa 50 Milliarden Tiere für unsere Ernährung. Das ist viel Blut.

2050 werden für den weltweiten Fleischhunger etwa doppelt so viele Schweine, Rinder und Geflügel benötigt werden wie bisher. Das ist auch mit ein Grund, warum die Bedeutung der industriellen Massentierhaltung weltweit zunimmt. Derzeit stammen global rund 50 Prozent des Schweinefleischs und zwei Drittel des Geflügelfleischs aus industriellen Massenstallungen.

Unser Planet muss nicht nur fast sieben Milliarden Menschen ernähren, sondern auch mehr als vier Milliarden Nutztiere durchfüttern. Mast ist die Produktion von Fleisch. Um entsprechend Fleisch anzusetzen, müssen die Tiere tüchtig fressen.

Sie müssen täglich mehr Energie zu sich nehmen, als sie selbst verbrauchen, dann werden sie dick und fleischig. Dazu bedarf es des richtigen Cocktails aus Grundfutter, Kraftfutter und Zusatzstoffen. Die Rasse, die sich am schnellsten und effizientesten in den Schlachthof frisst, ist der Fleischchampion. Bevor der finale Schnitt erfolgt, vertilgt ein Schwein rund eine Tonne Futter, ein Maststier sechs Tonnen an Silagen und Soja. Dazu verbraucht die globale Tierhaltung etwa 10 Prozent des Süßwasserverbrauchs der Menschheit. Fleisch ist etwas durchaus Kostbares, im wahrsten Sinn des Wortes. Zwei Fünftel der weltweiten Getreideernte werden verfüttert und über den Umweg der Tiermägen zu Fleisch. Um ein Kilogramm Fleisch zu erzeugen braucht es fünf Kilogramm Futter. So überrascht es wenig, dass heute weltweit auf einem Drittel der Ackerfläche Futter für Tiere angebaut wird. Rund ein Viertel der gesamten Landfläche des Globus wird für unser Nutzvieh gebraucht. Tendenz steigend.

Daseinsfreude

Es gibt einen Grundkonsens des Lebens, der über alle Kontinente, über alle gesellschaftlichen Unterschiede, über alle Rassen hinweg die Menschen verbindet. Das ist die Freude am Dasein, wenn das eigene Leben gelingt. Ohne der täglichen Freude an dem was wir tun, wie wir unser Leben gestalten, dass wir gesund sind, Familie und Freunde haben, bei denen wir uns wohlfühlen, zerrinnt das Leben zwischen den Fingern, ohne dass wir etwas davon festzuhalten vermögen. Ein solches Leben braucht die ständige Ablenkung, den regelmäßigen Adrenalinschub, um überhaupt wahrgenommen zu werden. Vielleicht ist das die Ursache dafür, warum so viele Menschen auf der Suche nach dem besseren Leben sind. Aber welches Leben ist das Beste? Das, das man sich selbst aussucht, oder vielleicht das, das sich zufällig ergibt, oder das, von dem alle anderen wollen, das man es lebt? Viele wünschten sich, es gäbe so etwas wie einen Supermarkt für Lebensangebote. Man kommt hinein und da hängen sie, alle die verschiedenen Arten von Leben. Genauso aufgereiht und logisch geschlichtet wie die Anzüge von der Stange. Man kann gustieren, aussuchen und anprobieren, vom groben Zuschnitt bis zur Feinanpassung. Links Landleben, rechts Stadtleben. Alles ist da. In jeder Größe, einfärbig und bunt, von Mittelstand bis reich oder sehr reich. Von wichtig, sehr wichtig bis unersetzlich. Das Ganze natürlich mit Haus, Landhaus, Zweithaus oder Traumhaus. Die Auswahl ist schwierig. Je weiter man in die langen Fluchten des vermeintlichen Supermarktes des Lebens vordringt, desto nuancenreicher die Angebote. Was soll es sein? Reich mit Ansehen, hohem Ansehen oder nur reich? Wichtig mit natürlicher Autorität? Sehr wichtig mit echter Kompetenz? Es ist nicht einfach. Die Eitelkeit verlangt ihr Recht. Die meisten hätten es sich einfacher vorgestellt, schon etwas vorsortiert und nicht so ins Detail gehend.

Aber wonach suchen wir denn eigentlich? Wer nicht weiß, wonach er sucht, wird es auch nicht finden. Wir suchen nach dem passenden Maßanzug, ohne unser eigenes Maß zu kennen. Wir lassen uns in eine Jacke zwängen, die zwar schick aussieht, die aber nicht passt, und schimpfen über die Enge. So haben wir nichts gewonnen, aber einiges von unserer Daseinsfreude verjuxt. Die Freude am Dasein kommt aus der Überzeugung ein gutes Leben zu haben. Aus der Beantwortung der schlichten Frage, „Was macht mein Leben kostbar?", lässt sich viel Daseinsfreude schöpfen.

Die Freude der Satten

Hunger tut weh. Alle Lebewesen dieses Planeten empfinden das gleich. Daher ist Sattwerden die große Lebensaufgabe, die alle Lebewesen dieser Welt miteinander verbindet.

Den größten Teil ihrer Lebenszeit verwendet die Mehrheit der Geschöpfe unseres Planeten für die Futterbeschaffung. In der freien Wildbahn entscheidet darüber das Prinzip „fressen und gefressen werden". Für zwei Drittel der Menschheit ist ein voller Teller nach wie vor ein täglicher Überlebenskampf, den leider immer mehr verlieren. Nur für uns Wohlstandsgeschöpfe reduziert sich Sattwerden auf die träge Frage: „Und was gibt es heute zum Mittagessen?"

Aber das war nicht immer so und das muss nicht immer so bleiben. Das sollte uns bewusst sein, auch wenn unsere Sattheit uns das nicht wahrhaben lassen möchte. Hunger ist eine starke Antriebskraft. Die Geschichte der Menschheit spiegelt den ständigen Wechsel von Hunger und Sattheit wider. Wer hungert, verwendet all seine verbleibende Energie, um satt zu werden. So führte Hunger zur Erfindung der Landwirtschaft. Der Mensch wurde sesshaft und erlernte neue Kulturtechniken, die Agrikultur. Bis zum heutigen Tag forschen und arbeiten Tausende Menschen weltweit nur an einem Ziel, uns satt zu bekommen. Trotz allen Einsatzes und Aufwandes gelingt es nur einem Drittel der Menschheit, mit einem Nahrungsüberschuss zu leben. Der Rest hungert, während wir uns um die nächste Diät sorgen.

149

Die geheimnisvolle Formel

Um das zu verstehen, muss man wissen, dass die Blätter einer Pflanze richtige Kraftwerke sind. Sie bauen aus anorganischem Kohlenstoff (C), der in großen Mengen in der Natur vorkommt, mit Hilfe von Sonnenlicht und Wasser die organische Substanz Zucker.

Wir bezeichnen diesen Vorgang, in dem aus CO_2 Zucker gebildet wird, Photosynthese. Die chemische Lösung sieht so aus: $6\ CO_2 + 12\ H_2O$ + Sonnenlicht $= C_6H_{12}O_6$ (Zucker) und als Draufgabe gibt's noch Sauerstoff und Wasser $+\ 6\ O_2$ (Sauerstoff) $+\ 6\ H_2O$ (Wasser).

Wir kennen zwar die chemische Formel, aber die Technik, es nachzumachen, haben wir nicht. So sind wir weiter auf das Können der Natur, die Kraft der Sonne und das Wissen unserer Bauern angewiesen, um täglich satt zu werden.

Essen als Statussymbol

Die Lebensmittelerzeugung ist ein Überbleibsel aus der Urzeit und entspricht so gar nicht dem Bild einer modernen High-Tech-Gesellschaft, die versucht, alle natürlichen Einflüsse auszuschalten. Geduld ist eine wichtige Tugend – auch in der Lebensmittelerzeugung. Dazu führt die Erkenntnis, wirklich Genussreiches entsteht nicht im Labor im Schnellverfahren. Alles Gute braucht seine Zeit.

Am Anfang steht die Saat, dazwischen liegt die Zeit des Wachsens, der Pflege, des Jätens, des Hoffens und am Ende wird geerntet. Das haben heute viele vergessen. Viele meinen, man könne ernten, ohne vorher zu säen. Alles sei jetzt und sofort machbar. Abgeleitet wird das von der Tatsache, dass auch im Winter die Obst- und Gemüseabteilungen der Supermärkte randvoll sind und so Tomaten und Erdbeeren zu Ganzjahresfrüchten geworden sind. Nicht so in der Natur. In der Natur hat alles seine Zeit. Am schönsten ist das an den Jahreszeiten zu sehen. Die Natur hat ihren eigenen Rhythmus. Die Bauern wissen das. Wir alle leben zwar von der Natur, aber wir wissen immer weniger von ihr. So können wir nur hoffen, dass die Bauern als unser letztes „Naturvolk" wissen, wie man mit der Natur umgeht.

Aber schon längst wachsen Lebensmittel nicht nur mehr im Garten, im Stall und auf dem Feld. Vieles von dem, was wir essen, wird im Labor erfunden und designt.

Jährlich kommen 30.000 neue Lebensmittelkreationen weltweit auf den Markt. Mindestens die Hälfte davon verschwindet nach kurzer Zeit wieder. Probiert und nichts geworden. Der Zwang zur Innovation ist aber größer denn je. Neuheiten beleben den Markt und kurbeln den Umsatz an. Die Übersättigten gieren weltweit nach Neuem und Trendigem. Auch das Essen ist ein Statussymbol: Ich weiß, was derzeit „in" ist, und ich kann es mir leisten, heißt die Devise.

Die Lebensmittelmode unterliegt den gleichen Marktgesetzen wie zum Beispiel die der Kleiderbranche. Rankings und diverse Auszeichnungen verstärken diesen Trend.

Der Unterschiedsgesellschaft weisen Gourmetführer und Haubenrestaurants den Weg. Was wir essen, wo und wie wir essen, ist ein wichtiges Unterscheidungsmerkmal und dient der Abgrenzung gegenüber anderen sozialen Milieus.

Essen als Statussymbol.

Wohltat oder Verwüstung?

Jede Region hat ihr eigenes Aroma, ihre eigenen Gerüche und ihre einzigartigen Düfte. Der Boden hat seine eigene Farbe, und wenn es regnet, tropft das Wasser in seinem speziellen regionalen Takt zu Boden. Je nachdem, wie viele Blätter von Bäumen den Regen bremsen, wie viele Gräser seinen freien Fall vom Himmel aufhalten, fällt der Regen weich und schonend oder hart und reißend. Das ist von Region zu Region sehr verschieden. Dieselbe Menge Regen kann da als wohltuende Erfrischung empfunden und dort als alles vermurende, verwüstende Katastrophe erlebt werden. Monokulturen lassen dem Regen keinen Spielraum, geben statt Vielfalt einseitige Verletzlichkeit. So machen der Boden und seine Vegetation den Unterschied. Die Verletzlichkeit des Bodens wiederum hängt von den Bauern ab und für welche Erzeugnisse sie einen überlebensfähigen Preis bekommen. Wie wir unser Land bebauen, dessen Früchte wir essen, bestimmt Wohltat oder Verwüstung. Bei jedem Einkauf wird darüber abgestimmt. Auch dieser Verantwortung müssen wir uns bewusst sein, wenn wir über die nächste Katastrophe jammern.

Die Lust nach wilden Äpfeln

Warum müssen Äpfel immer makellos aussehen? Kein einziger Punkt auf der plastikglatten Schale, nicht eine Narbe, keine einzige Sommersprosse. Dem Massenapfel wird das alles weggespritzt. Es ergeht ihm wie den Damen, denen mit Botox das Gesicht glatt gespritzt wird, weil sie ewig barbiepuppenartig jung aussehen wollen. Aber nicht die makellose Schale macht's, weder da noch dort. Dadurch wird so etwas Wunderbares wie ein Apfel zu einer austauschbaren Massenware für einen einheitlichen Massengeschmack. Aber Kenner und Genießer überall auf der Welt schätzen die Vielfalt und die Unverwechselbarkeit des unterschiedlichen Geschmackes. Wirkliche Kenner kaufen keinen Zuchtlachs, sondern Wildlachs. Auch bei Äpfeln gibt es herrliche, robuste Naturburschen mit einem unverwechselbaren Gesicht, mit Muttermalen und Sommersprossen, ganz ohne Botoxeffekt. Nicht die gesichtslose Masse erfreut, sondern das Besondere bereichert das Leben.

Sehnsucht nach Idylle

159

Die verkaufte bäuerliche Idylle

Der permanente Wettbewerb macht uns müde. Der Wettkampf als ständiger Begleiter im Kleinen wie im Großen lässt die Sehnsucht nach heilen Welten wachsen. Je größer der alltägliche Druck, je unüberschaubarer die Bühne, auf der wir uns bewegen, desto intensiver wird der Wunsch nach Überschaubarem. Es ist die Sehnsucht nach Idylle. Wir lieben die kleinen, überblickbaren Welten. Die kleine bäuerliche Welt mit ihrem hohen Grad an Selbstversorgung ist für viele der Traum von Unabhängigkeit. Der Traum von der Idylle. Die großen Handelsketten und die Lebensmittelindustrie haben die Bilder der bäuerlichen Landwirtschaft für ihre Zwecke okkupiert. Alle Bilder, die noch eine Art von bäuerlichem Leben vermitteln, werden im Lebensmittelmarketing als Synonym für ehrlich, seriös, unverfälscht und bodenständig eingesetzt. Bäuerlichkeit sells, weil sie die Welt der Glaubwürdigkeit vermittelt, für die es heute scheinbar keine glaubhaften Bilder gibt. Die Bilder der großen, alten Obstbäume in blühenden Blumenwiesen. Die kleinen Ställe für Tiere mit Familienanschluss. Der krähende Hahn auf dem Misthaufen. Die glücklichen Hühner mit ihrer unbegrenzten Freiheit. Die kleinen ungespritzten Äpfel mit ihren Sommersprossen. Die wiederkauenden Kühe vor der alten Almhütte. Den alten, grünen 15er Steyrtraktor mit Opa und Oma links und rechts auf den Kotflügelsitzen. Das Suhlen der Schweine im Saugarten. Der Charme der Küche mit dem gesetzten Ofen. Die krummen Rücken der Bauersleut beim Steilwiesenmähen. Die behagliche Stube mit ihrem holzbeheizten Kachelofen. Die schweißtropfenden Gesichter beim Heuen. Die belebende Rast im Schatten eines Baumes. Die deftige Jause nach getaner Arbeit. Die Stille der schönen Landschaft in der Abenddämmerung. Die Schlichtheit des Auftretens in dem Sonntagsstaat. Die Festlichkeiten im Jahreslauf. Das morgendliche Dengeln der Sense. Das händische Melken der Kühe. Der Almabtrieb ohne Inszenierung. Die Strapazen des Heubringens am Bergbauernhof. Der weihnachtliche Gang zur Mitternachtsmette. Das idyllische Schnapsbrennen in langen Winternächten. Das Knistern der Holzscheite an kalten Wintertagen. Die einsame Abgeschiedenheit der alpinen Berghöfe. Die vielfältigen alten Bauernbräuche. Das Feilschen auf herbstlichen Viehmärkten. Die harte Waldarbeit mit Norikerpferden. Die authentische bäuerliche Bescheidenheit ohne Gieren nach Design und Luxus. Den Lohn für diese Art der Glaubwürdigkeit, die über Generationen von spartanisch lebenden Bauerngeschlechtern erarbeitet wurde, kassieren heute jene, die die nostalgischen Bilder jener Zeit verkaufen und verklären, deren Untergang sie mitbewirkten. Was bleibt, ist die Sehnsucht nach dieser Idylle.

Heimat

Daheim bei uns läuten zu Mittag die Glocken der Kirchen und im Winter knirscht der Schnee unter den Schritten unserer Stiefel und im Frühling duftet der Flieder neben dem Haus. Auch so wird Heimat beschrieben. Heimat als Begriff hat für mich zwei Dimensionen. In seiner regionalen, örtlichen Bestimmtheit ist es der Ort, wo man sich kennt und wo wir uns wohlfühlen. Der Ort, wo wir uns verstanden fühlen und wo wir Schutz suchen, wenn es uns schlecht geht. Der Ort, an den wir uns zurücksehnen, wenn wir weit weg sind, und wo wir hingehen, wenn wir sagen: „Ich gehe heim."

Die zweite Seite, als Schattenbild, ist die ideologische, patriotische Überzeichnung. Heimat als abstraktes Kunstbild, das nur uns gehört und das es vor allen fremden Einflüssen zu verteidigen gilt. Ein erdachter, idealer Platz, wo die Welt noch so ist, wie sie sein soll, und wo alles Böse schöngeredet wird, weil alles Ungemach nur von außen kommt.

Die Wiederauferstehung von Dirndl, Lederhosen und Trachtenwesten ist also nicht nur eine momentane Modeerscheinung, sondern ein Mittel der regionalen Kennzeichnung zur Abgrenzung nach außen. In der Sprache des Marketings bezeichnet man das als regionales Branding. Heimat transportiert den Wunsch nach einem sicheren Platz, nach einer vertrauten Umgebung, nach Gesichtern, die wir kennen und von denen wir uns erkannt wissen. Wo der Begriff Heimat auftaucht, wird er meist als ländliche Idylle mit bäuerlich geprägten Landschaften und deren Produkten als idyllischer Flecken dargestellt. Ein bewusster Gegenpol zur Anonymität der Stadt. Bilder, Düfte und Gerüche, die wir als Kinder in uns aufgesogen haben, bleiben ein Leben lang in uns präsent. Sie werden uns, wo immer sie uns wieder begegnen, an unsere Kinder-Heimat erinnern.

Heimat als der Ort, an dem man sich zurückziehen kann, zu dem man „heimgeht", wenn man mit sich selbst sein will, gewinnt in einer globalisierten Welt mit ihren permanenten Ranglereien und Wettkämpfen zunehmend an Bedeutung. Je lockerer und desolater die Verknüpfungen innerhalb der Familien, je mehr Unregelmäßigkeiten uns die Arbeitswelt abverlangt, je ausgelaugter und gestresster vom stetigen Wettbewerb wir sind, desto größer wird die Sehnsucht nach diesem wunderbaren Ort, den wir Heimat nennen.

Bäuerlichkeit

Der Begriff „Bäuerlichkeit" wird heute vor allem im Marketing eingesetzt als Synonym für ursprünglich, echt und unverfälscht. Bäuerlichkeit ist zum Marketingbegriff verkommen. Jeder, der will, verwendet diesen Begriff nach seinem Belieben.

Für großflächig auf Plantagen erzeugte Äpfel zeigt man Bilder von Obstwiesen mit großen, alten Bäumen. Für Eier aus Eierfabriken zeigt man einige wenige glückliche Hühner mit Hahn auf der Wiese. Für Schweine aus großen Mastanstalten zeigen sie freilaufende Schweine in natürlicher Umgebung. Diese und ähnliche Beispiele sind beliebig fortzusetzen. Alles nur für die Show.

All diesen Beispielen ist gemein, dass die, die am längsten diese Idylle – deren Bilder sie uns heute zeigen – praktiziert und gelebt haben, ob ihrer Rückständigkeit belächelt wurden und am schnellsten ihre Höfe aufgeben mussten.

Nostalgie in Lederhosen

Die Bezeichnung „Bauer" und Bäuerlichkeit galt lange Zeit als Abwertung bis hin zum Schimpfwort für Rückständigkeit. Bäuerlichkeit wurde so lange als rückständig, konservativ, altväterisch denunziert, bis alle auf modern und fortschrittlich machten. Der Bauer ist heute Unternehmer und hat als solcher zu handeln. Das wiederum stört viele, weil es so gar nicht ins Bild der bäuerlichen Idylle passt.

Bäuerlichkeit als besondere Form für langfristiges Denken und Handeln in Kreisläufen wird heute allzu gerne als Nostalgie in Lederhosen und Dirndl, im Tragen von Lodenmantel und Steirerhut zelebriert. Damit soll Bodenständigkeit und wohl auch heimatlicher Patriotismus demonstriert werden. In Wirklichkeit ist es ein Modegag, der als billiger Abklatsch einer über Jahrhunderte bewährten Lebensphilosophie herhalten muss – weil es gerade modern ist.

Ein Bauer im besten Sinne des Wortes und im Sinne einer Bäuerlichkeit ist ein Lebensmittelerzeuger und nicht nur Rohstofflieferant.

Aber die Agrarindustrie hat in den vergangenen Jahrzehnten die Bauern immer stärker in die Rolle des Rohstoffproduzenten gedrängt.

Der vorgelagerte Bereich der Agrarindustrie liefert die Maschinen und technischen Einrichtungen, die Futtermittel, das Zuchtmaterial, den Dünger und die Pflanzen und Tierarzneien.

Der nachgelagerte Sektor holt das von den Bauern Hergestellte als Rohstoff für die eigene Verarbeitung ab und bestimmt die Preise.

Der einzelne Bauer wird so immer mehr in die Rolle des Aufzüchters und Vertragsanbauers mit eigenem Risiko, aber ohne Preismitsprache abgedrängt.

Wen kümmert es? Hauptsache, alle verdienen und die billige Nahrung nährt.

„Den Letzten beißen die Hunde" ist die lakonische Erklärung der smarten Lederhosen- und Dirndlträger.

Bauern oder ungelernte Hilfskräfte?

Die Branche der Sattmacher ist groß. Sie funktioniert wie eine große Maschine, in der ein Rad ins andere greift und am Ende wie ganz selbstverständlich der volle Teller steht. Es sind die Bauern, Marktforscher, Fleischhauer, Bäcker, Köche, Agrarökonomen, Wirte, Hoteliers, Imbissbudenbetreiber, Chemiker, Düngerexperten und Pflanzenschutzmittelhersteller, die täglich daran werken, uns satt zu machen.

Alles in allem arbeiten am Projekt des täglich vollen Tellers in einem Hochindustrieland wie Deutschland fast genauso viele Menschen, wie in der international im Mittelpunkt stehenden deutschen Autoindustrie: fast 3 Millionen. In Österreich sind es etwa 400.000 Menschen, die daran arbeiten, uns täglich genussvoll satt zu kriegen.

Das überrascht doch. Zumal wir immer glauben, prallgefüllte Lebensmittelregale in den Supermärkten und volle Teller gehören zu den Selbstverständlichkeiten unserer Zeit. Aber so selbstverständlich ist das nicht. Lebensmittelmärkte sind sensible und komplizierte Gebilde, die sich rasch und schmerzlich verändern können.

Die Basis für unsere Gesellschaft im Überfluss sind die Bauern. Sie haben einen Beruf, in dem modernstes Wissen über Boden, Pflanzen, Pflanzenschutz, Sorten, Technik, Marketing, Betriebswirtschaft, Klima und Kundengeschmack genauso notwendig ist wie überlieferte Tradition über den besten Standort, Anbauzeitpunkt, Reifegrad und die schmackhafteste Zubereitung.

Die Bauern sind heute eine kleine Minderheit, die für das Wohlergehen der Mehrheit sorgt. Bauern wissen und können etwas, was der Großteil von uns nicht mehr kann. Sie wissen, wie man sät und erntet, wie man mit Vieh umgeht, den Boden fruchtbar hält und den Teller aus eigener Kraft täglich neu füllt. Wenn wir durch unser Einkaufsverhalten nur noch die Massentierhalter und die agrarischen Großbetriebe stützen, werden wir unser Essen den Konzernen und ihren schlechtbezahlten Hilfskräften ausliefern. Denn das ist eines der Dilemma, in industrialisierten landwirtschaftlichen Großbetrieben kann die Arbeit nicht mehr allein die Bauernfamilie erledigen. Das machen dann meist ungelernte, billige Arbeitskräfte, weil der Konkurrenzdruck nicht mehr zulässt. Nur weil Bauernkönnen ein paar Cent teurer ist, liefern wir uns fremden, unbekannten Risiken aus und zerstören die Idylle bäuerlich geprägter Landschaften.

Bodenständig

Tausende von Jahren haben Menschen den Boden beackert und ihre Nahrung selbst angebaut. Jeder war bis zu einem gewissen Grad auch Selbstversorger. Die Menschen hatten großes Wissen und Können, um Boden und Natur für die Nahrungsmittelerzeugung zu nützen.

Innerhalb von zwei Generationen haben wir das alles verlernt. Geblieben ist uns die Sehnsucht nach Natur und Tieren, die sich in der verstärkten Zuwendung zu Hund und Katz ausdrückt.

Wir haben im Umgang mit Tieren und Pflanzen einen Grad an Unbeholfenheit erreicht, der geradezu beängstigend ist.

Die Menschen des Computerzeitalters wissen nicht mehr, wie man ein Schwein hält, welche Bodentemperatur und wie viel Feuchtigkeit ein Samenkorn braucht, um zu keimen. Wie man Kartoffeln pflanzt und Eier über lange Zeit ohne Kühlschrank frisch hält. In diesen Fragen allein auf sich gestellt, würde ein Großteil von uns schicken Handytelefonierern verhungern. Das ist die Wahrheit.

Daher sollten wir allein schon aus diesen egoistischen Gründen gut mit unseren Bauern umgehen.

Ökonomisch gesehen ist der Boden einer der drei klassischen Produktionsfaktoren: Boden, Arbeit, Kapital.

Aber Boden ist mehr als nur ein ökonomischer Faktor. Wie die Landschaft, mit der der Boden in enger Symbiose lebt, beeinflusst der Boden auch unsere Gefühle.

Wir sprechen von Bodenständigkeit, Bodenhaftung, von fremdem Boden und gepflegtem Boden, von Doppelbödigkeit und Bodenlosigkeit. Je nach Gefühlszustand urteilen oder verurteilen wir.

Immer aber ist Boden Grundlage – im wahrsten Sinne des Wortes – unseres Lebens. Erst wenn wir die Gewissheit haben, uns auf sicheren Boden zu befinden, sind wir bereit, uns an diesem Ort niederzulassen. Gegenden mit fruchtbaren Böden oder schöne Landschaften sind wichtige Gefühlsboten.

Nachhaltig

Wir brauchen heute nicht mehr jagen und sammeln, um uns zu ernähren. Trotzdem muss irgendjemand die Kartoffeln aus der Erde holen, die Äpfel von den Bäumen schütteln, die Tiere im Haus füttern, schlachten und verarbeiten. Die Bauern können das.

Viel Wissen wird vom Großvater auf den Vater und dann auf dessen Sohn weitergegeben. Bäuerlichkeit mit ihrer jahrtausendealten Tradition, bedeutet, Erfahrung, fruchtbaren Boden und einen intakten Hof an die nächste Generation weiterzureichen.

Aus diesen alten bäuerlichen Tugenden leitet sich das heute so moderne Wort der Nachhaltigkeit im Sinne von langfristigem Denken ab.

Es waren also einfache Bauern und nicht die Ökonomen, die die Nachhaltigkeit erfanden, prägten und lebten bis zum heutigen Tag.

Bauern sind begabte Menschen mit vielseitigem Können. Sie sind Tierfreunde, Geburtshelfer, Fütterungsexperten, Chemiker, Biologen, Botaniker und Techniker in einer Person.

Die Maschinen werden immer größer, kapitalintensiver und großflächiger einsetzbar. In einer Stunde kann heute ein Mähdrescher so viel Getreide ernten, wie eine Stadt mit 350.000 Einwohnern an einem Tag verbraucht.

Dieser enorme technische Fortschritt, gepaart mit Erfindungsreichtum und Fleiß, war in der Vergangenheit und wird hoffentlich auch in der Zukunft Garant für ein Leben in Sattheit sein.

Während du diese Zeilen hier liest, haben in Österreich wieder durchschnittlich 12 Bauern ihr Haustor für immer zugesperrt, so wie das schon seit einem Vierteljahrhundert Tag für Tag passiert.

Das alles wissen wir und es schert doch keinen, weil wir satt sind.

Weil wir nicht mehr wissen, was Hunger ist, und weil heute die Arbeit eines Bauern ausreicht, um bis zu 150 Menschen die Teller zu füllen.

Mit der Natur auf Du

Immer mehr Menschen versuchen, die Natur zu genießen. Es macht Freude draußen zu sein, Sonne und Wind zu spüren, mit eigenen Händen zuzupacken, um zu sehen, was wächst und wird. Und es ist ein unbeschreiblich wohltuendes Gefühl, die Ernte gerade noch vor dem nächsten Unwetter ins Haus gebracht zu haben. Wer die Natur versteht, den belohnt sie mit Mitteln zum Leben. Die Menschen unserer Gesellschaft in ihren Städten und sich städtisch gebenden Dörfern verlieren immer mehr den Bezug zur Natur. Natur wird uns zunehmend etwas Fremdes, nahezu Exotisches, wovon man zwar nichts versteht, das man aber schön findet und wovon man sich wünscht, mehr davon zu haben. Das ist wohl auch der Grund, warum viele die bäuerliche Welt so bestaunen und bewundern. Mit der Natur auf Du zu sein bedeutet, das einsame Rauschen der Wälder zu hören, in Gummistiefel durch aufgeweichte Erde zu stapfen und dunkle Ränder unter den Fingernägeln zu haben. Wer mit der Natur arbeitet, sie beobachtet und studiert, wird eine Menge von ihr lernen. Wie man sät und düngt, wie man jätet und pflegt und wie wunderbar der Schweiß der Arbeit auf dem Tisch des Genusses schmeckt. Deshalb hinaus in die Gärten, hinaus aufs Land, vorwärts zur Mutter Natur.

Um satt zu werden, bedarf es noch immer einer Menge Arbeit. Seit es Menschen gibt, ist ihr Dasein von der Sorge um das tägliche Essen geprägt. Erst seit etwa fünfzig Jahren werden Lebensmittel vermehrt über große Supermarktketten eingekauft. Im gleichen Ausmaß wie Lebensmittel eingekauft werden, gerät das Wissen um die eigene Lebensmittelerzeugung in Vergessenheit. All das Wissen um den Zeitpunkt des Aussäens, des Gießens und Jätens, die lange Dauer des Wachsens, des Blühens, der Reife und des richtigen Erntezeitpunkts ist futsch für immer. Fragen des richtigen Einlagerns und Konservierens werden nicht einmal gestellt. Wer hat noch eine Ahnung, wie man ein Schwein hält, was es frisst und wie lange es dauert, bis es schlachtreif ist? Aber all diese Dinge müssen auch heute noch getan und gelöst werden, sonst gibt es nichts zu essen, weil Schinken und Eier, Käse und Tomaten nicht im Supermarkt gedeihen und wachsen. Wer weiß noch, wie Regen nässt, wie pamstig schwielige Hände greifen, wie hartnäckig aufgeweichte Erde an den Stiefeln klebt, mit welch elementarer Gewalt Sturm und Hagel auf freiem Feld peitschen? Mit der Natur auf Du zu sein heißt, die Vitalität des Lebens zu verstehen und selbst gelassener zu werden.

Wert der Bauern

Bauern lieben ihre Familie, ihre Tiere, ihre Felder und die Früchte ihrer Arbeit aus Hof und Stall. Darauf sind sie stolz.

Die Bauern lieben aber auch ihre kleinen und großen technischen Gehilfen, die ihnen die Arbeit erleichtern und vieles überhaupt erst möglich machen.

Ohne Traktor, Melkmaschine, Mähwerk, Schwader, Mähdrescher, Sprüher, Feldhäcksler, Pflug, Grubber und Saatkombinationen gäbe es nicht unser Schlaraffenland mit täglich vollen Tellern und vollgestopften Regalen.

Die Maschinen erleichtern den Bauern das Leben.

Der eigene, volle Körpereinsatz von Skelett und Muskeln wird dadurch gemildert und man kann mehr schaffen als das, was der eigene Körper allein zuließe. Es spart zerschundene Körper und hektoliterweise Schweiß.

Darum lieben die Bauern ihre Pflanzen und Tiere und auch ihre Maschinen, weil sie ihnen dabei helfen, die Teller von Stadt und Land täglich neu zu füllen.

Überall auf der Welt stehen Bauern am Beginn einer sich entwickelnden Gesellschaft. Bauern bilden die Basis für jede arbeitsteilige Gesellschaft. Erst wenn die tägliche Versorgung gesichert ist, hat man Zeit, sich mit Technik, Design und Kunst auseinanderzusetzen.

Ohne diese für jeden einzelnen Menschen existenziell notwendige Basisversorgung mit Lebensmitteln, gäbe es unsere Gesellschaft in dieser Form nicht.

Kein einziger von uns könnte so leben, wie er jetzt lebt.

Bauern bilden somit das Rückgrat jeder modernen Gesellschaft, weil sie uns von der individuellen täglichen Nahrungssuche befreien und uns Raum und Zeit geben, unserem Beruf nachzugehen. Das wird ständig verdrängt und vergessen.

Schachspieler wissen um den Wert der Bauern. Es gibt keinen Sieg im Schachspiel ohne Bauern. Erst wer seine Bauern klug positioniert, hat Platz und Möglichkeiten mit Turm und Springer, mit Läufer und Dame erfolgreich zu sein.

Wer hingegen seine Bauern opfert im Glauben, dass sie nicht wertvoll seien und man daher auf sie verzichten könne, verliert nicht nur im Schach.

Idylle Landleben

Freie Hühner kennen keine Haltung.
Sie sind freie Wesen.

Machen Sie sich Ihren eigenen Reim

Sind Zahlen und Fakten bloß Statistik oder Wahrheiten?

Schlachten

Weltweit werden jährlich geschätzte 50 Milliarden Tiere (50 000 000 000) für unser Essen geschlachtet.

Das bedeutet den Tod von   1600 Tieren pro Sekunde

95.100 pro Minute

2282.400 pro Tag

Das sind die Nützlinge unter den Tieren. Wir bezeichnen sie deshalb auch entlarvend ehrlich als Nutztiere. Sie nützen in erster Linie unserem leiblichen Wohl.

Produktionszeiten:

Produktionszeit für ein Masthuhn   29 Tage
Produktionszeit für ein Mastschwein   170 Tage
Produktionszeit für ein Mastrind   500 Tage

Volkswagen braucht für die Herstellung eines Autos 35,2 Stunden*
Nissan braucht für die Herstellung eines Autos   14,2 Stunden*

* „Brand eins" Ausgabe 02/2009

Um einen Zentimeter fruchtbaren Erdboden zu schaffen, braucht die Natur 100 bis 400 Jahre.

List und Tücke

Durchschnittlicher jährlicher Weinkonsum pro Kopf in China in Litern   1
Durchschnittlicher jährlicher Weinkonsum pro Kopf in Deutschland in Litern   24
Durchschnittlicher jährlicher Weinkonsum pro Kopf in Frankreich in Litern   53
Durchschnittlicher jährlicher Weinkonsum pro Kopf im Vatikan in Litern   59

* „brand eins" Ausgabe 07/10

Zahl der Fahrzeuge, die Toyota aufgrund eines möglicherweise klemmenden
Gaspedals oder einer verrutschenden Fußmatte
vorsorglich weltweit zurückrief   7.400.000
Zahl der Unfälle, die nachweisbar durch ein von der Fußmatte
verklemmtes Gaspedal verursacht wurden   1

* „brand eins" Ausgabe 04/11

Anteil, der mit Wald bedeckten Erdoberfläche beträgt   8 Prozent
Anteil der Erdoberfläche, die von im Meer treibendem
Plastikmüll bedeckt ist   25 Prozent

* „brand eins" Ausgabe 05/10

Menschen, für die Essen und Trinken ein Genuss sind   68 Prozent
Menschen, für die Liebe und Partnerschaft ein Genuss sind   6 Prozent

* „brand eins" Ausgabe 06/11

Zahl der Bakterien auf dem heimischen Toilettenrand
pro Quadratzentimeter   3300
Zahl der Bakterien im Kühlschrank pro Quadratzentimeter   11.300
Zahl der Bakterien auf dem Spülschwamm pro Quadratzentimeter   10.000.000

* „brand eins" Ausgabe 09/11

Wo liegen meine Grenzen?
Selbst-Test: Bin ich ein Sattmacher?

Ich bin eine Kartoffel

Wer legt mich zum Keimen in die Erde? Wer pflegt mich den Frühling und den Sommer über? Wer holt mich hier wieder raus, wenn ich reif bin?
Würdest DU das für mich tun?

Ja Ⓧ   Nein O

Ich bin die Tomate

Weißt du, wann ich angepflanzt werden muss? Welche Art von Boden ich bevorzuge und dass ich unbedingt eine Stütze brauche? Hat dir schon jemand gesagt, dass ich gerne ein Dach über dem Kopf habe und Regen schlecht vertrage, dafür aber umso mehr Wasser von unten brauche? Mich gibt's von Rot bis Schwarz in allen Farben. Von fleischig bis trocken, von bitter bis süß in vielen Ausführungen und Geschmacksvarianten. Weißt DU das alles?

Ja Ⓧ   Nein O

Ich bin das Brot

Ich wachse auf großen Äckern, als Weizen oder Roggen. Im Winter, wenn die wärmende Schneedecke fehlt, ist mir saukalt. Den ganzen Sommer stehe ich ohne Schatten in der prallen Sonne, bis der Drescher kommt. Ab da beginnt mein Nomadendasein: LKW, Lagerhaus, Müller, Bäcker, Regal, Einkaufskorb, Küchenablage, Brotkörberl. Hast DU beim Essen schon einmal daran gedacht, von welchem Acker ich komme?

Ja O   Nein Ⓧ

Ich bin der Apfel

wachse auf Bäumen. Jeden Herbst frage ich mich, wer rüttelt, wer schüttelt, wer pflückt mich? Wenn es keine fleißigen Hände gibt, werde ich hart auf dem Boden landen, eine ordentliche Delle haben und von Mäusen gefressen werden.

Wirst DU mir nächsten Herbst helfen, rechtzeitig in die Kiste zu kommen?

Ja Ø   Nein O

Ich bin das Ei

Rund und bunt zu Ostern

Von Natur aus verpackt,

Für Nudeln und Mehlspeisen zerhackt

Bin ich fast täglich bei dir am Teller,

Trotzdem bin ich dir nicht mehr wert als ein paar Heller.

Die besten Eier kommen nur von freien Hühnern. Hast DU das schon einmal ausprobiert?

Ja O   Nein O

Ich bin die Küche

Hier wird alles, was in Feld, Stall und Gärten wächst und gedeiht, veredelt. Bei mir bekommt alles seinen letzten Schliff. Eine Prise da, ein Happen dort, ziehen lassen, umrühren, aufgießen, wenden, abseihen und fertig.

Kannst du das? Bist DU ein Küchenzauberer, auf dessen volle Teller sich alle genussvoll freuen?

Ja Ø   Nein O

Ich bin ein Schnitzerl

Ich bin vom Schwein. Hat dich jemals interessiert, von welchem Schwein ich komme und unter welchen Verhältnissen ich gelebt habe? Was ich zu fressen bekam und ob ich je in meinen Leben den blauen Himmel sah? Oder stimmt es, dass dein einziges Interesse an mir das billigste Sonderangebot ist?

Ja O   Nein O

Ich bin ein Steak

Jahrelang bin ich sommertags über Almen gewandert und zu Winterszeiten im Laufstall getrottet. Jetzt bin ich dein Steak, abgelegen und saftig. Du hast mich bewusst ausgewählt, weil du dir was Besonderes gönnen willst. Du bist ein Feinschmecker und Genießer, der sich das Außergewöhnliche leistet. Schön, dass du um den Wert meines Lebens Bescheid weißt.

Gehörst DU zu jenen seltenen, denen der Wert der Dinge bewusst ist?

Ja O   Nein O

Auflösung

8 bis 6 Ja: Sie sind ein Sattmacher. Sie gehören dazu. Ihr Platz ist die Natur.

5 bis 3 Ja: Sie sind auf einem guten Weg. Ihre Familie kann sich gratulieren, Sie werden sie in jeder Situation satt kriegen.

2 und weniger Ja: Sie sollten noch üben, sich umhören und beispielsweise am Balkon noch das eine oder andere ausprobieren. Betreiben Sie Ahnenforschung, vielleicht findet sich noch die eine oder andere Bauernverwandtschaft unter ihren Verwandten, die Sie um Rat fragen können.

Wo liegen meine Grenzen?
Selbst-Test: Bin ich ein Wegwerfer?

Hi, ich bin der Schinken,

du weißt schon, der, den du zum Frühstück so gerne magst. Ich weiß, der morgendliche Stress ist groß. Die Zeit ist knapp. Hineinbeißen, Kakao für die Kinder richten, Einkaufszettel schreiben, noch einmal hineinbeißen, Espresso aufkochen, Teller in den Geschirrspüler schlichten, hineinbeißen, Schultaschen für die Kleinen kontrollieren und tschüss allen. Da bleibe ich ganz schön oft allein am Tisch. Am Abend dann die Ungewissheit, aufgegessen oder weggeworfen zu werden.
Wie oft wirfst du Schinken oder Wurst weg?

mindestens 1x pro Woche O   keinmal O

Ich bin das Marmeladebrot,

um genau zu sein, Erdbeermarmelade. Echt und gut. Oft gedankenlos dick aufgetragen, zu dreiviertel abgenagt und fluchtartig verlassen. Bis zum Nachmittag allein auf dem Teller nur zur Freude der Eintagsfliegen. Wie oft hast du mich schon am späten Nachmittag entsorgt, angeekelt und mit klebrigen Fingern?
Wie oft landet das Frühstück bei dir im Kübel?

mindestens 1x pro Woche O   keinmal O

Ich bin der Teller,

den du heute wieder ordentlich gefüllt hast. Überladen wie ein LKW stehe ich vor dir und frage mich, steht eine Hungersnot vor der Tür? Wer wird mit dieser Überladung fertig werden? Wie viele Mitesser hast du eingeladen? Wer wird das alles futtern oder arbeitest du auch für die Biotonne?
Wie oft leerst du überladene Teller in die Biotonne?

mindestens 1x pro Woche O   keinmal O

Ich bin der Kühlschrank,

ein so genanntes Vorsorgegerät, Zwischenlager, Ablagedepot und Endlager, sehr oft alles zusammen. Vollgestopft bis oben wird mir manchmal ganz schön warm. Diese Vielzahl an Gerüchen, Verpackungen, Angeknabberten und Zurückgelegtem macht mich ganz verwirrt. Wer hat da noch den Überblick, wenn täglich Neues hinzu kommt und Altes stehenbleibt? Schaffst du das?

Wie oft entsorgst du Angebrauchtes aus dem Kühlschrank?

mindestens 1x pro Woche Ø̷   keinmal O

Wie oft wirfst du Ungeöffnetes aus dem Kühlschrank?

mindestens 1x pro Woche O   keinmal Ø̷

Ich bin dein Fernseher

Ich bringe dir täglich die große, weite Welt ins Wohnzimmer. Ich nörgle nicht, mache dir keine Vorschriften, lasse dich alles selbst auswählen und entscheiden, unterhalte dich und mache dir die Zeit kurzweilig. Genau genommen bin ich einer deiner besten Freunde.
Wie oft müllst du deinen Fernseher zum Elektro-Schrott?

mindestens 1x pro Woche O   wenn unbedingt notwendig Ø̷

(Warum eigentlich nicht wöchentlich? Bin ich dafür zu teuer?)

Ich bin das Joghurt

und stehe die ganze Zeit in deinem verdammt kalten Kühlschrank. Tür auf, Tür zu, aber ich komme nicht dran, obwohl ich so gesund für dich bin. Dann nach einigen Tagen des Wartens und Frierens die Ablaufdatumskontrolle – und patsch.
Kontrollierst du regelmäßig das Ablaufdatum und wie oft wirfst du deswegen Lebensmittel weg?

mindestens 1x pro Woche Ø̷   keinmal O

He, ich bin der Kornspitz,

schmecke ich dir nicht? Zerquetscht stecke ich zwischen deinen Büchern in deiner Tasche. Glaubst du das ist angenehm? Lass mich zu Hause, wenn du mit mir nichts anzufangen weißt. Zerstückle mich nicht. Beiß nicht lustlos an mir herum. Ganz oder gar nicht. Ich bin zum Essen da, auch wenn die Lust groß ist, mich verschwinden zu lassen.

Wie oft entledigst du dich deiner Jause ganz oder teilweise?

mindestens 1x pro Woche O   keinmal O

Ich bin dein Laptop

Ich bin dein Gehirn, dein Spielkamerad, dein Fotoalbum, deine Informationsquelle und dein Alleswisser. Wir verbringen jeden Tag eine Menge Zeit miteinander. Ich weiß alles über dich, wer du bist, was du tust, wie andere dich einschätzen, deine Vorlieben und deine geheimen Wünsche. Obwohl ich nur ein einfaches viereckiges Ding bin, hast du eine emotionale Bindung zu mir. Du achtest auf mich und verteidigst mich, wenn es darauf ankommt – nur damit ich nichts von dir verrate.

Wie oft wirfst du deinen Laptop weg?

mindestens 1x pro Monat O   wenn unbedingt notwendig O

Auflösung

9 bis 6 x pro Woche: Wegwerf-Queen/Wegwerf-King

5 bis 3 x pro Woche: Auf dem Weg zur Spitze

2 bis keinmal pro Woche: Sie sind ein Wertschätzer

Wo liegen meine Grenzen?
Selbst-Test: Bin ich ein Tierfreund?

Ich bin ein Huhn

und du hast mich zum Fressen gern. 945 knusprige Leidensgenossen von mir – haben Statistiker errechnet – werden von dir im Laufe deines Lebens genossen. Das ist ein Stall, voll mit tausend Hühnern. Das ist ein Haufen Hühner, den du da verspeist.

Dabei hast du mich lebend noch nie in deiner Hand gehalten und mein aufgeregtes Herz in deinen Händen schlagen gespürt. Du ahnst auch nicht, was mein Lieblingsfressen ist und dass ich nichts lieber täte, als auf der grünen Wiese herumzulaufen und hin und wieder im Sand zu scharren.

Weißt du, dass meine natürliche Lebenserwartung 10 Jahre ist, ich als Masthuhn aber nur 29 Tage Lebenszeit habe?

Worüber weißt du mehr: O A: über das Leben eines Huhnes

O B: wo es die billigsten Backhendel gibt

Ich bin ein Schwein

Mensch und Schwein unterscheiden sich genetisch nur wenig. Du hast zwei Beine und ich vier. Aber schon unsere Haut macht kaum noch einen Unterschied, leicht rosa und in der prallen Sonne rasch rot. Trotzdem haben wir wenig Kontakt. Ich lebe sehr zurückgezogen in großen Ställen, nicht immer in besten Verhältnissen.

Wir treffen uns meist nur am Teller. Unsere Begegnung ist dann immer eine himmlische: Ich bin im Schweinehimmel und du im siebten Schnitzelhimmel.

Worüber weißt du mehr:

O A: über das Leben eines Schweines

O B: Schmackhafte Schweinefleisch-Rezepte

Ich bin die Pute

Manche nennen mich auch Truthahn. Meine ursprüngliche Heimat ist Nordamerika. Heute bin ich zum Massenartikel verkommen und in vielen Ställen quer über alle Kontinente eingesperrt. Hast du mich je lebend gesehen? Hast du ein Bild von mir im Kopf? Wahrscheinlich könntest du kein Bild von mir auf ein Blatt Papier zeichnen oder doch?

Worüber weißt du mehr?
- O A: über das Leben einer Pute
- O B: über die angeblichen Vorzüge meines Fleisches

Ich bin ein Stier

Kein Kampfstier aus Spanien, sondern ein Mastbulle aus großem Stall. Meine bescheidenen 16 Monate Leben verbringe ich in mehr oder meist weniger großen Boxenlaufställen. Da ist es meist verdammt eng und hochmütige Menschen verspotten uns Tiere dafür als Spaltenbodenscheißer.
Ihr ahnungslosen Nichtswisser kommt doch und schaut euch das einmal an.

Worüber weißt du mehr?
- O A: wie und wo ein Stier lebt
- O B: wann es die nächste Rindfleischaktion im Supermarkt gibt

Auflösung

1- bis 4 x Antwort B: Sie sind ein typischer Fleischfresser

2- bis 3 x Antwort A: Sie sind ein Tierfreund

Wie viel also ist genug?

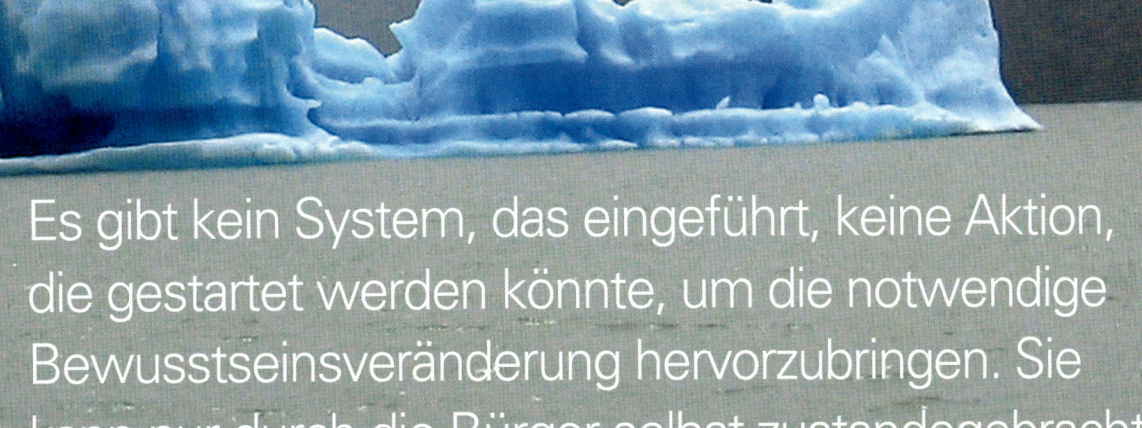

Es gibt kein System, das eingeführt, keine Aktion,
die gestartet werden könnte, um die notwendige
Bewusstseinsveränderung hervorzubringen. Sie
kann nur durch die Bürger selbst zustandegebracht
werden. Es kommt wirklich auf uns an,
auf jeden Einzelnen von uns.

Marion Gräfin Dönhoff

Anhang

1   „brand eins", Ausgabe 8, 2012, Seite 38
2   Bertrand Russell, Lob des Müßiggangs. Zitiert nach Wolfgang Schneider, Die Enzyklopädie der Faulheit, Eichborn Verlag, 2004, Seite 93 – 95
3   „Die Zeit", Beilage Mahlzeit, Richtig Essen, Mai 2010
4   Statistik Austria 2011
5   Coppenrath Verlag, Münster, Wie hätte Winnetou entschieden?, Seite 41
6   Jack Trout, Große Marken in Gefahr, Redline Wirtschaft bei Verlag moderne Industrie, Seite 175, 176
7   Karl Hierzer, Gleisdorfer Stadtjournal, 2011
8   „Freizeit Kurier", 2006, Seite 44

HANS MEISTER ist Journalist und Publizist und zählt zu Österreichs bekanntesten Journalisten im Bereich Agrarwirtschaft. Für seine publizistischen Leistungen wurde er mit dem Eduard-Hartmann-Preis und dem Professortitel ausgezeichnet.

KATRIN MEISTER ist studierte Pädagogin mit dem Spezialbereich Erwachsenenbildung. In ihren Veröffentlichungen beschäftigt sie sich hauptsächlich mit der Frage wie der Mensch tickt und warum wir tun was wir tun.